HEYNE <

AF721354

Das Buch

Hexe Claire bringt Magie in Ihre Wohnung. Nicht nur Unordnung oder Schmutz können das Wohlbefinden beeinträchtigen, auch negative Energie, böse Geister oder schlechte Schwingungen sorgen dafür, dass die eigenen vier Wände Unbehagen bereiten.

Claire zeigt, wie durch Räuchern, das Einladen von Göttern und schützenden Hausgeistern, das Aufhängen bestimmter Amulette oder auch durch reinigende Pflanzen positive Energie in Haus, Wohnung und Büro kommt. Auf ihre authentische und völlig undogmatische Art macht sie das magische Aufräumen zu einer leichten Übung und verhilft nebenbei zu einem entspannten und befreiten Wohnen und Leben.

Die Autorin

Aufgewachsen inmitten einer reichen Fülle von alten, geheimnisvollen Bräuchen, interessierte sich Claire schon früh für die spirituelle Kraft der weißen Magie. Heute ist die Lebensberaterin und praktizierende Hexe eine der erfolgreichsten Autorinnen zum Thema Magie. Claire lebt in Leipzig.

CLAIRE

Das Einmaleins der MAGISCHEN HAUSREINIGUNG

Die besten Techniken und
Rituale für die energetische Klärung
deiner Lebensräume

WILHELM HEYNE VERLAG
MÜNCHEN

Das vorliegende Buch ist sorgfältig erarbeitet worden. Dennoch erfolgen alle Angaben ohne Gewähr. Weder Autorin noch Verlag können für eventuelle Nachteile oder Schäden, die aus den im Buch gemachten praktischen Hinweisen resultieren, eine Haftung übernehmen.

MIX
Papier | Fördert gute Waldnutzung
FSC® C014496

Penguin Random House Verlagsgruppe FSC® N001967

3. Auflage

Taschenbucherstausgabe 01/2019

Redaktion: Karin Weingart
Illustrationen im Innenteil: Fotolia: S. 63 (N. N.), S. 109 (weissdesign); iStockphoto: S. 101 (Picture Partners), S. 112 (ilbusca); Shutterstock: S. 34 (Makhnach), S. 56 (picobello), S. 189 (Olga Kleshchenko), S. 190 (Olga Kleshchenko), S. 191 (Barashkova Natalia)
Umschlaggestaltung: Guter Punkt, München,
unter Verwendung eines Motivs von © LoSa / AdobeStock
Satz: Schaber Datentechnik, Austria
Druck und Bindung: GGP Media GmbH, Pößneck

ISBN 978-3-453-70362-9

www.heyne.de

Inhalt

Reinigen

Die Wohnung schützen und energetisch aufladen

Anhang

Einleitung

Leider muss ich dieses Buch mit zwei Enttäuschungen beginnen:

Nein, ein magischer Hausputz kann das »normale« Großreinemachen in der Wohnung nicht ersetzen. (Es aber auf der energetischen Ebene wirksam ergänzen.)

Und nein, mit einem einmaligen Einsatz ist es auch nicht getan. Ebenso wenig, wie es reicht, die eigenen vier Wände ein- oder zweimal im Jahr auf Vordermann zu bringen, genügt eine einmalige spirituelle Maßnahme, um dich auf Dauer in deiner Wohnung wohlzufühlen. (Weshalb ich dir in diesem Buch zahlreiche ganz unterschiedliche Vorschläge machen werde, wie du sie dir auf magische Weise schön, harmonisch und frei von störenden Einflüssen gestalten kannst.)

Im putzverrückten Deutschland ein Buch übers Saubermachen zu schreiben, grenzt im Grunde ja schon an Ironie. So blitzeblank, wie es hier überall aussieht, sollte man doch eigentlich meinen, dass auch alles porentief rein wäre. Aber es gibt eine Form der Reinheit, die dabei völlig übersehen wird, und das ist die energetische Ebene der viel gerühmten Aprilfrische im Haushalt.

In anderen Gesellschaften kennt man zahlreiche Methoden, Anwendungen und Rituale, um Haus und Hof energetisch zu reinigen, zu harmonisieren und vor negativen Einflüssen aller Art zu bewahren. Man findet sie aber auch in der Vergangenheit unserer eigenen Kultur.

Denn so lange ist es nicht einmal hierzulande her, dass mit großer Selbstverständlichkeit der Hof ausgefegt und gründlich durchgeräuchert wurde, sobald unliebsamer Besuch das Anwesen verlassen hatte. Das Haus war mit magischen Schutzzeichen versehen und zu bestimmten Zeiten im Jahr, meistens an den Gedenktagen verehrter Heiliger, wurde zum Beispiel geweihtes Wasser verspritzt, um möglichem Übel vorzubeugen.

Ich selbst erinnere mich noch, dass meine Oma regelmäßig jeden Sonnabend ebenso sorgfältig wie liebevoll den Weg vor ihrem Haus harkte – eine Art Kiesweg, auf dem die Spuren ihrer Arbeit, die feinen Linien der Harke, schon nach wenigen Stunden nicht mehr zu sehen waren.

Aber darum ging es auch gar nicht. Wichtig war nur, dass vor dem wöchentlichen Feiertag alles gepflegt und mit liebevoller Aufmerksamkeit bedacht worden war. Weil nämlich das Haus samt seiner Einrichtung und das Grundstück, auf dem es stand, nicht als unbelebte Materie und von den Menschen, die es bewohnten, losgelöst betrachtet wurden.

Unter Bezeichnungen wie Magnetismus, Odkraft oder auch einfach »Strahlen« nahm die Magie vom alten Schlag – und zwar sowohl in ihrer zeremoniellen als auch in der volkstümlichen Ausprägung – die uns umgebenden Energien sehr ernst. Mehr noch: Über Jahrhunderte war das Wissen um die spirituelle Lebendigkeit und energetische Vielschichtigkeit der Dinge, der

Gegenstände, mit denen wir uns den Lebensraum teilen, Gemeingut. Beruhend auf Erfahrungen.

Heute ist das lange nicht mehr so der Fall. Seit sich der Alleinvertretungsanspruch der Vernunft in unserer Kultur weitgehend durchgesetzt hat, muss diese Tradition leider als abgebrochen gelten (auch wenn wir bei genauerem Hinschauen immer noch Spuren von ihr ausmachen können).

Seither sind Hausrats- und Haftpflichtversicherungen an die Stelle des spirituellen Schutzes unseres unmittelbaren Lebensumfeldes getreten. Ein Desinfektionsspray ersetzt die Magie und soll so ziemlich alles beseitigen, was einem nicht guttut.

Das allerdings kann eine Menge sein – und ist keineswegs auf den ersten Blick sichtbar. Angefangen bei der »Nestflucht«, der schieren Unlust, sich zu Hause aufzuhalten. Aber auch nervöse Unruhe, Streit und allgemein: Fehlende Harmonie in den eigenen vier Wänden können darauf hinweisen, dass es höchste Zeit ist, der energetischen Seite des Wohnens mehr Aufmerksamkeit zu schenken. Zeit für einen magischen Hausputz.

Wobei dieser, wie bereits eingangs gesagt, kein einmaliger im Wortsinn »beherzter« Kraftakt sein sollte.

Die vorgestellten Techniken, Anwendungen und Methoden zur Harmonisierung, Reinigung und zum Schutz konnte ich zum Teil aus der Vergangenheit unserer Kultur schöpfen, andere habe ich durch die Beschäftigung mit anderen Kulturen kennengelernt, in denen die magischen Traditionen nicht so dramatisch abgerissen sind wie bei uns. Sie sind also nicht auf meinem eigenen Mist gewachsen, sondern haben sich schon seit langer, langer Zeit bewährt.

Um deine Wohnung energetisch in Schuss zu bringen und die erreichte schöne Harmonie darin aufrechtzuerhalten, brauchst du natürlich auch ein paar Utensilien. Aber wirklich nur ein paar – nicht einmal annähernd so viele wie die zahllosen Spezialreiniger, die für jeden Zweck, jeden Raum und jedes Material von den Chemiekonzernen angeboten werden.

Um es genauer zu sagen: Spezialreiniger brauchst du gar keine. Zur Vorbereitung und als Begleitung deiner energetischen Einflussnahme auf die Wohnung genügen die ganz normalen naturnahen Reinigungsmittel sowie Tücher, Eimer, vielleicht ein Staubsauger … na ja, was man alles verwendet, um die Räume sauber und auf einem vertretbaren Hygieneniveau zu halten, muss ich ja wohl nicht erklären. Das alles versteht sich von selbst und ist auch für Hexen natürlich ein vielleicht nicht immer erfreulicher, aber notwendiger Bestandteil des Alltags. Und beinahe ebenso wichtig wie die Schaffung und Aufrechterhaltung einer gewissen Ordnung in der Wohnung. Aber darauf komme ich in einem der folgenden Kapitel noch etwas ausführlicher zu sprechen.

Doch zurück zu den Utensilien, die du für deinen magischen Hausputz brauchst. Die wichtigsten sind:

- gesunder Menschenverstand
- Fantasie und
- Vertrauen in deine Intuition

Tu, was sich für dich richtig anfühlt – egal, was in Büchern steht oder andere (zum Beispiel ich) dazu sagen.

Folge deinen inneren Ahnungen, unabhängig von irgendwelchen spirituellen Moden. Aber auch ohne deinen Verstand an der Wohnungstür abzulegen. Instinkt und Vernunft: Die Natur weiß schon, warum sie uns beides mitgegeben hat.

Zusätzlich zu diesen Hauptbestandteilen deines magischen Putzschränkchens würde ich noch empfehlen:

- Kerzen in verschiedenen Farben
- diverses Räucherwerk
- ätherische Öle
- ein paar Steine (gern welche, die du selbst gefunden hast, es müssen also keine Edelkristalle sein) und
- ganz normales (sowie für bestimmte Zwecke auch destilliertes) Wasser

Denn wie du sehen wirst, beruht der magische Hausputz wie alle anderen Maßnahmen zur energetischen Reinigung und Harmonisierung deines Lebensumfeldes letztlich auf der Kraft der vier Elemente und ihrem Ausgleich.

Unter normalen Umständen genügen manchmal sogar schon etwas Räucherwerk und magisches Putzwasser, um die Wohnung dauerhaft zu dem energetisch positiv aufgeladenen Ruhepol zu machen, den du dir wünschst.

Natürlich gibt es darüber hinaus noch mehr, was du – speziell bei Problemen, die dazu führen, dass es in deinem Zuhause nicht ganz rundläuft – verwenden beziehungsweise dir anschaffen möchtest, bestimmte Schutzsymbole zum Beispiel. Oder auch hilfreiche Zimmerpflanzen.

Aber lass dir dafür Zeit. Lauf bloß nicht gleich los und kauf alles, was dir in den Sinn kommt. Denn in der Ruhe liegt nicht nur die sprichwörtliche Kraft, sondern auch schon ein Teil der Magie.

Und apropos kaufen: Bei vielen der Rezepturen, die du in diesem Buch entdecken wirst, kannst du entscheiden, ob du sie selbst zusammenstellen oder ein Fertigprodukt kaufen möchtest. Such dir im zweiten Fall nach Möglichkeit Bezugsquellen, bei denen beides stimmt: sowohl die Qualität als auch der Preis. Es muss also nicht immer der Spezialhandel für Esoterikbedarf sein. Vieles findest du auch in »ausländischen« Lebensmittelgeschäften, in Bioläden oder ganz einfach in der Drogerie. Auch das Internet ist für unsere Zwecke natürlich eine gute Idee; fündig wirst du dabei insbesondere bei den Anbietern von Naturkosmetik zum Selbermachen.

Und nun bleibt mir eigentlich nur noch, dir viel Spaß bei der Arbeit zu wünschen. Ja, *Spaß*. Denn Magie sollte nie etwas Abgehobenes, Bierernstes sein, sondern immer auch Freude machen.

In diesem Sinne: Ärmel hochkrempeln … und los geht's.

Eins

Wohnen mit Risiken und Nebenwirkungen

Wie wäre deine Antwort, wenn ich dich fragen würde: Wohnen – was ist das eigentlich?

Wahrscheinlich würdest du mir den Vogel zeigen. Was für eine dumme Frage. Das weiß doch jedes Kind:

- In meiner Wohnung darf ich tun und lassen, was ich will.
- Da mache ich / machen wir es so richtig gemütlich.
- Da wird geschlafen, gekocht und gegessen.
- Da ruh ich mich von der Arbeit aus.
- Meine Wohnung ist mein Heiligtum. Die gestalte ich mir ganz nach meinen Wünschen und Bedürfnissen.

Genau. So oder so ähnlich würden wir es wohl alle ausdrücken. *My home is my castle* – mein Zuhause ist meine Schutz- und Trutzburg. Oder frei nach Faust (der damit jedoch etwas ganz anderes meinte): »Hier bin ich Mensch, hier darf ich's sein.«

Aber das war nicht immer so.

Unser heutiges Verständnis von der Wohnung als privatem Lebensmittelpunkt und Inbegriff von Gemütlichkeit und Behaglichkeit ist geschichtlich betrachtet noch sehr jung. Es geht erst auf die Zeit der Industrialisierung im 19. Jahrhundert zurück, als sich die räumliche Trennung von Wohnen und Arbeit (in den immer zahlreicher werdenden Fabriken) durchzusetzen begann.

Hier zeigt sich mal wieder, wie veränderlich alles ist. So, wie die Magie in weiten Teilen Europas aus dem Alltag verschwunden zu sein scheint, gab es durchaus auch Zeiten, in denen man weder Privat- und Intimsphäre nach heutiger Auffassung kannte noch den klar definierten Raum dafür, den wir als »Wohnung« bezeichnen. Und das ist jeder »umschlossene Raum«, in dem Menschen leben, also alles von der Villa bis zum kleinsten Apartment und auch unabhängig davon, ob es sich um Eigentum oder ein Mietobjekt handelt.

Heute steht die »Unverletzlichkeit« der Wohnung unter dem Schutz des Grundgesetzes und Hausfriedensbruch gilt als Straftatbestand – negative Eindringlinge energetischer Natur sind damit allerdings nicht gemeint.

Unsere dritte Haut

Nicht zufällig sprechen Architekten von der Wohnung auch als unserer »dritten Haut«. Sie beziehen sich mit diesem Ausdruck auf die enge Verbundenheit, die zwischen dem Menschen und seinem Zuhause besteht. Und die scheint mir in unserer Zeit eher zuzunehmen. Denn je größer die Anforderungen werden, die in der sogenannten Sozialsphäre an uns gestellt werden, desto mehr sind wir darauf angewiesen, dass wir in unseren eigenen vier Wänden tatsächlich den Frieden und die Erholung finden, die wir brauchen, um uns wohlfühlen und – ja, auch das – im Außen »funktionieren« zu können.

Unsere drei Häute – das Organ, das Leib und Seele zusammenhält, die Kleidung und drittens eben die Wohnung – haben zwei Dinge gemeinsam: Schicht für Schicht markieren sie Grenzen nach außen und dienen nach innen dem Schutz.

Doch zugleich sind sie selbst empfindlich und verwundbar – ganz real, gegenüber äußeren Verletzungen etwa, im Falle der Körperhaut, gegenüber Verschmutzung und Verschleiß unserer Garderobe und die Wohnung schließlich wird von potenziellen Einbrechern oder Feuer- und Wasserschäden bedroht.

Aber auch feinstofflich sind die Schutzhäute, die uns umgeben, angreifbar und bedürfen der spirituellen Fürsorge.

Auf diesem Gebiet haben sich die Menschen im Laufe unserer Geschichte einiges einfallen lassen.

So wurde (und wird zum Teil auch noch heute) etwa die Körperhaut mit Schmuck, Tätowierungen und je nach Kulturkreis auch mit absichtlich erzeugten Narben oder mit Farbe geschützt.

Die Kleidung, zweite Haut des Menschen, hatte immer schon eine größere Bedeutung als nur die, gegen Kälte oder allzu intensive Sonneneinstrahlung zu schützen. Sie ist seit alters her auch symbolisch aufzufassen, als Ausdruck für den Platz ihres Trägers im jeweiligen Gefüge seiner Zeit. Und zu diesem sozialen Umfeld gehörten nicht nur die anderen Menschen, sondern auch die nicht sichtbaren Ebenen des Seins. Kleine Spiegel und reflektierende Münzen sollten deshalb den bösen Blick zurückwerfen, die Farbe Rot schützte und symbolisierte das Leben selbst. Und bis heute werden in traditionellen Gegenden Trachten und Brauchtum gepflegt, und man weiß um die

Bedeutung jedes einzelnen Teils der Landes- oder regionaltypischen Bekleidung.

Und die dritte Haut?

Genau wie der Körper und die Kleidung wurde auch die Wohnstatt des Menschen seit jeher mit Schutzzeichen versehen. Und Anklänge daran findet man bis heute. So werden in manchen Gegenden Frankreichs zum Beispiel auch in unseren Tagen noch große Ammoniten als Glücksräder ins Mauerwerk eingelassen und in manchen Regionen des Balkans und Russlands Häuser mit Schutzzeichen bemalt.

Aber wir müssen gar nicht jenseits der Staatsgrenzen suchen. Auch bei uns kennt man Hufeisen über der Tür. Und den Wetterhahn auf dem Dach.

Vor einer Weile entdeckte ich an einem Stall ganz in der Nähe von Leipzig einen Widderschädel an einem Bauernhaus. Dem Betreiber des Hofes war es nicht bewusst, aber das ist ein alter Abwehrzauber, genau wie die typischen Pferdekopfgiebel im Norden Deutschlands. (Denn als Sonnentier ist das Pferd symbolisch eng mit dem Licht verbunden.)

Das alles ist lupenreine Fetischmagie. Ein fiktiver Völkerkundler, den es irgendwie nach Deutschland verschlägt und der so gut wie nichts über unsere Gesellschaft weiß, würde in seinen Aufzeichnungen bestimmt vermerken, dass hier im 21. Jahrhundert mit den Symbolen von Tiergeistern Unheil abgewehrt wird.

Wobei das nicht auf Tiergeister beschränkt ist, auch die Geister verstorbener Ahnen werden bemüht. Und in manchen Gegenden Süddeutschlands sind viele Häuser zum Beispiel mit prächtigen Bildern von Sankt Florian bemalt, der vor einer Feuersbrunst schützen soll.

Aber auch in weniger traditionsbewussten Gegenden sieht man vieles, was heute unter dem Stichwort Dekoration läuft, aber in Wirklichkeit den eigenen Raum abgrenzt und ihn positiv aufladen soll.

Denken wir nur an all die Verzierungen, die in Fenstern hängen, die wundersamen Krimskrams-Schüsselchen in der Nähe der Eingangstür, die Farben, Bilder, Fotos und Nippesteilchen, die bestimmte Energie zum Klingen bringen.

Eine Bekannte von mir sammelt in jedem Urlaub etwas Sand, füllt ihn, wenn sie wieder zu Hause ist, in dekorative Fläschchen und verteilt sie überall in der Wohnung. Mit spirituellen Dingen hat sie nun wirklich nichts am Hut, und wenn man sie fragt, warum sie das macht, sagt sie, das erinnere sie an ihre Ferien. Dass das, was sie da macht, etwas Magisches, mindestens jedoch eine unbewusste Form der Energiearbeit ist, würde sie überraschen. Und doch ist es genau das: Sie beschwört damit die Kraft des Urlaubs, der Erholung und der schönen Erlebnisse herauf – und was man nur lange genug anruft, stellt sich irgendwann auch ein.

Der Druck nimmt zu

Um aber noch einmal auf die Ausgangsfrage dieses Kapitels – »Wohnen, was ist das eigentlich?« – zurückzukommen. Salopp könnte man sagen: Einfacher wird es bestimmt nicht. Miet- und Grundstückspreise steigen, und in dem Maße, in dem die Erwartungen, die im Außen an uns herangetragen werden, was etwa ständige Erreichbarkeit, Reaktionsschnelle und immer höheres (Arbeits-)Tempo betrifft, anspruchsvoller werden, müssen wir immer mehr darauf vertrauen, dass wenigstens zu Hause alles so läuft, wie es unseren Bedürfnissen entspricht.

Gleichzeitig erhöht sich jedoch auch hier der Druck immer merklicher. Es wohnen immer mehr Menschen in Großstädten, die Bevölkerungsdichte in Ballungsräumen nimmt zu und damit auch das Konfliktpotenzial. Vor einer Weile habe ich mich mit einer Chinesin unterhalten, die mir einen Vorgeschmack auf eine auch hierzulande mögliche Entwicklung gab. Sie erzählte, wie die Menschenmassen in den chinesischen Boomtowns auf engstem Raum zusammenleben und wie stark die Spannungen dadurch sind. Von asiatischer Gelassenheit bleibt da wenig übrig, die Leute gehen ruppig und barsch miteinander um, für sie war eine deutsche Großstadt daher der reinste Ort der Entspannung.

Dazu kommt ein Wirrwarr elektronischer Geräte, die, selbst wenn sie keine negativen Strahlungen aufweisen, auf der emotionalen und damit auch der spirituellen Ebene Energien zerstreuen und unsere Kraft einbinden. Wer alle fünf Minuten aufs Smartphone schaut, kann sich denkbar schlecht auf eine Sache konzentrieren. Ein Schamane würde sagen: Sein Geist ist vom (anscheinend stärkeren) Geist des Handys gefangen.

Sichtbar sind energetische Verunreinigungen natürlich nicht, und manchmal merkt man auch nicht sofort, welche dunklen Ablagerungen einen umgeben. Besonders feinfühlige Menschen allerdings spüren sie instinktiv.

Ich lerne in meiner Arbeit oft Menschen kennen, die ihre Wahrnehmungen im ersten Moment nicht einordnen können oder denen sie sogar unheimlich sind; dabei zeigt es eigentlich nur, dass sie einen gut entwickelten siebten Sinn haben, der auch die seelischen und spirituellen Schichten ihrer Umgebung wahrnimmt.

Das kann man sich ungefähr wie in der Geologie vorstellen, die die verschiedenen übereinanderliegenden Erdschichten betrachtet. Ganz ähnlich ist es auch mit unseren Wohnungen und Wohnorten: Sie haben immer eine Vorgeschichte. Jeder Ort auf dieser Welt war schon vor uns da. Vielleicht kommt daher auch der Wunsch vieler Menschen nach einem selbst gebauten Häuschen, das, weil es neu entsteht, zumindest von einer *menschlichen* Vorgeschichte frei ist.

Doch auch das kann täuschen. In einem meiner Kurse erzählte mir eine Teilnehmerin einmal, dass sie bei der Meditation hin und wieder Bilder von Hakenkreuzen empfing, die sie nicht zuordnen konnte. Nachdem wir alles andere abgeklopft hatten, fragte ich sie, ob sie wüsste, was während des Zweiten Weltkriegs in ihrem Ort und speziell an der Stelle passiert war, an der das Haus stand, in dem sie wohnte. Das ließ sich tatsächlich noch ermitteln und damit war auch die Lösung des Rätsels gefunden. Recherchen in der Ortschronik ergaben, dass an diesem Ort tatsächlich ein Gefecht mit einigen Gefallenen stattgefunden hatte. Und ohne sich dessen bewusst zu sein, hatte die Frau diese geschichtliche Ebene wahrgenommen. (Im elften Kapitel findet sich ein Ritual speziell für diese Energien.)

Alles hat ein Eigenleben

Manchmal empfangen unsere feinen inneren Antennen wie aus dem Nichts bestimmte Wellen, Eindrücke oder innere Bilder, die nicht immer eindeutig sind, sondern auch symbolisch verschlüsselt sein können. Und dergleichen erleben keinesfalls nur Menschen, die sich als spirituell feinfühlig oder auch nur spirituell interessiert bezeichnen würden. Das kann wirklich jedem passieren. Und wenn es zum ersten Mal geschieht, ist die Überraschung meistens groß.

Es muss sich dabei allerdings nicht immer um so dramatische Geschichten handeln wie in dem eben genannten Beispiel. Mir selbst ging es so mit einem Platz, in dessen Nähe ich wohne. Ich sah dort vor meinem geistigen Auge oft spielende Kinder und fand das ungewöhnlich, denn der Ort hat so gar nichts Anheimelndes an sich. Vor einer Weile blätterte ich einen Bildband mit alten Fotografien von Leipzig durch und stieß dabei auch auf eine Aufnahme dieses Platzes. Und siehe da: Früher stand dort einmal eine kleine Wippe und ein Klettergerüst. Es gab also wirklich Zeiten, in denen Kinder dort ihren Spaß hatten, auch wenn heute nichts mehr darauf hindeutet.

Wenn man anderen zuhört und sie wissen, dass sie offen reden können, erfährt man viele Geschichten, die einem zu denken geben. So erzählte mir eine Frau einmal, dass sie in ihrer neuen Wohnung gar nicht glücklich sei, und fragte mich, was man tun könne, um sie zu reinigen. Sie und ihre Familie wollten nicht schon wieder umziehen, sie wisse aber auch nicht, wie sie weiterhin dort wohnen solle. Mir war klar, dass mehr dahinterstecken musste, aber ich dränge da niemanden und warte lieber ab, bis die Leute von sich aus sprechen.

So auch in diesem Fall. Kurz darauf meinte die Frau – nennen wir sie Marie –, dass sie mir die ganze Geschichte erzählen wolle.

Es war ein ganz normaler Tag gewesen; Marie suchte nur kurz das Badezimmer auf – und nahm plötzlich aus dem Augenwinkel eine weibliche Gestalt wahr, die sich in einer »irgendwie unheimlichen Situation« befand. Das Ganze dauerte nur den Bruchteil einer Sekunde, dann war das innere Bild wieder verschwunden, aber es war eindrücklich genug, um Marie ernsthaft zu beunruhigen.

Weil ihr das Erlebnis keine Ruhe ließ, versuchte sie ihre Nachbarn betont beiläufig in Gespräche über ihre neue Wohnung zu verwickeln, spürte aber, dass sie ihr auswichen. Einer fasste schließlich allen Mut zusammen und sprach es aus: Im Bad von Maries Wohnung hatte sich einst eine Frau das Leben genommen.

Es ist nicht schwer, sich vorzustellen, wie ein derartiges Erlebnis auf jemanden wirkt, der es noch nie mit »so etwas« zu tun hatte. Die meisten von uns wurden von klein auf in dem Glauben erzogen, dass es nur eine Schicht der Wirklichkeit gibt: die Ebene der Dinge, die man anfassen kann. Alles andere sei Fantasie, Märchen, schaurige Unterhaltung mit Gruselfaktor oder schlichtweg Spinnerei. Die moderne westliche Weltsicht ist aber nur eine Sichtweise unter vielen und historisch gesehen noch nicht einmal besonders alt. Andere Kulturen legen großen Wert darauf, auch zu den nicht so offenkundigen Schichten des Seins gute Beziehungen zu pflegen, denn auch sie haben ihren Einfluss auf das Leben. Doch wir tun oft weiterhin so, als wäre da nichts. Vielleicht steckt Überheblichkeit dahinter, womöglich aber auch einfach nur die Angst, ausgelacht zu werden und als spinnert zu gelten.

Glücklicherweise haben nur wenige Menschen so einschneidende Erlebnisse mit den anderen Ebenen wie Marie. (Sie ist mit ihrer Familie dann übrigens doch umgezogen und fühlt sich in ihrer neuen Wohnung sehr wohl, um das Ende der Geschichte auch noch zu erzählen.) Aber die meisten spüren instinktiv, dass es mehr gibt, als »offiziell« anerkannt wird.

In meiner Arbeit als Hexe sehe ich das immer wieder, denn bei mir können die Leute ohne Scheu reden. Vom Maschinenbauingenieur bis zur Lehrerin, von der Zahnärztin bis zum Schauspieler: Gleich welchen Bildungsstands, es gibt keine gesellschaftliche Schicht, in denen Menschen solche Erfahrungen nicht machen würden. Und die meisten davon sind gut geerdete, ganz »normale« Leute.

Harmonisieren

Zwei

Du oder das Chaos – wer regiert?

Jede Wohnung hat eine Persönlichkeit: ihr Eigenleben, eine Geschichte und einen Charakter mit einer ganz speziellen Ausstrahlung – einer Atmosphäre, die spürbar ist, sobald man die Räume betritt. Man empfindet diese Atmosphäre als kühl oder anheimelnd, kann sich von ihr beengt oder willkommen geheißen fühlen, »ganz wie zu Hause«.

Was wir da unterschwellig wahrnehmen, sobald wir uns in einer fremden Wohnung befinden, sind die Beziehungen zwischen dem Raum selbst, seinen Bewohnern samt den Verhältnissen, die zwischen ihnen herrschen, sowie den Einrichtungs- und Dekorationsgegenständen, für die sie sich entschieden haben.

Wenn wir uns auf die feinfühlende Betrachtungsweise der Welt einlassen, ist jedes Ding, also auch jeder Gegenstand in der Wohnung, nicht nur ein Etwas, sondern auch ein Jemand: eine Energie beziehungsweise ein Geistwesen. Für welchen Begriff man sich entscheidet, spielt dabei keine Rolle, es läuft auf dasselbe heraus. Denn alles, was uns umgibt, hat eine bestimmte Schwingung oder Ausstrahlung.

Bei manchen Dingen spürt man das mehr, bei anderen weniger. So wird etwa das kürzlich gekaufte Alltagsgeschirr im Küchenschrank, mit dem keine besonderen Erinnerungen verbunden sind, einen weniger merklichen Einfluss ausüben als … sagen wir mal … ein düsteres Gemälde, das im Wohnzimmer hängt und das ganze Zimmer überschattet.

Bevor wir dazu kommen, wie man eine Wohnung als solche reinigt, muss daher ein genauer Blick auf ihren Inhalt geworfen werden, denn die besten Reinigungsrituale werden nichts nutzen, wenn die Wohnung im Chaos versinkt und jede Harmonie vermissen lässt.

Der Wohnraum braucht ein gewisses Gleichgewicht, und dieses herzustellen beziehungsweise aufrechtzuerhalten ist heute gar nicht mehr so einfach.

Früher war das kein Problem, da besaßen die meisten nur das, was sie brauchten – oder nicht einmal das. Man pflegte alles, was man hatte, passte gut darauf auf und reparierte es, solange es ging. Es herrschte eher Mangel als Überfluss.

Und das noch im vergangenen Jahrhundert. Mein Uropa zum Beispiel führte eine Zeit lang ein Schuhgeschäft; und nachdem der Wochenlohn ausgezahlt worden war, kamen die Leute jeden Montag vorbei, um eine weitere Rate für ihre Schuhe abzustottern.

Diese Zeiten wird sich niemand zurückwünschen, aber es verdeutlicht, dass die meisten Menschen früher gar nicht in die Gefahr kamen, von einem riesigen Wust an Dingen und deren Energien umschwirrt zu werden.

Man muss sich auch mal trennen können

Heute sieht das anders aus, die meisten Leute haben viel zu viel und werden, ohne dass sie es merken, von den Dingen und ihren Energien in die Enge getrieben, geradezu eingekeilt. Und dabei muss man nicht einmal an Messies denken, die Opfer einer Krankheit, die nur in Überflussgesellschaften entstehen kann. Vom Phänomen des »Von allem zu viel« ist fast jeder betroffen.

Immer neue Systeme zum Verstauen und Ordnen sollen Abhilfe schaffen, aber das verschleiert bloß den Blick auf das eigentliche Problem: Es ist einfach zu viel Zeug da. Man kann in einen Wohnraum aber nicht unbegrenzt Dinge hineinstopfen.

Und so zwingt uns die Wohlstandsgesellschaft, immer wieder das Wesentliche vom Unwichtigen zu trennen, um unsere Wohnung noch als Freiraum erleben zu können und nicht als Abstellfläche, in der wir zwar auch noch irgendwie vorkommen, aber bestimmt nicht mehr die Hauptrolle spielen.

Gründlich Ordnung zu schaffen, tut nicht nur der Wohnung gut, sondern ist auch ein sehr wirkungsvoller Akt der Seelenhygiene. Viele Menschen fühlen sich fast schon körperlich befreit, wenn sie ihren privaten Lebensraum – oder vielleicht auch erst einmal nur ein Zimmer – mal wieder richtig ausgemistet haben. Es gibt ihnen das gute Gefühl, wieder Herr beziehungsweise Herrin im eigenen Haus zu sein.

Manchen fällt es jedoch schwer, sich von den Dingen zu trennen, weil sie es kaum übers Herz bringen, Sachen, die »eigentlich« noch zu gebrauchen sind und für die man schließlich mal Geld bezahlt hat, in den Müll zu werfen. Aber das ist bei einer solchen Aktion auch gar nicht nötig. Nicht mit allem jedenfalls: Was noch gut ist, kann man weitergeben, karitative Einrichtungen oder auch Freunde und Bekannte freuen sich darüber. Und für Kleinkram haben sich mittlerweile in vielen Nachbarschaften kleine Kisten mit dem Hinweis »Zu verschenken« eingebürgert. Man stellt die Kartons einfach für ein, zwei Tage auf den Gehweg vor dem Haus und Vorübergehende können sich mitnehmen, was ihnen gefällt. Ein wunderbarer moderner Brauch! So muss man sich nicht die Mühe machen, einen Stellplatz auf dem nächsten Flohmarkt zu mieten (was ja auch mit Kosten verbunden ist) – und macht anderen gleichzeitig ein unverhofftes Geschenk.

Und der Rest? Die Dinge, von denen man sich einfach nicht trennen *»kann«*? – und die trotzdem gänzlich unnütz rumliegen oder -stehen und verstauben? Und das nur, weil man sie eines schönen Tages ja »vielleicht« doch noch mal brauchen könnte … Billig waren sie auch nicht gerade … Und sie fressen schließlich kein Brot …

Viele dieser Gegenstände nehmen nicht nur unnötig Platz in Anspruch, sie belasten ihren Besitzer energetisch oft auch noch in anderer Hinsicht: Sie verschaffen ihm nämlich ein schlechtes Gewissen, weil sie ihn durch ihre pure Anwesenheit ständig daran erinnern, dass er einmal einen Fehlkauf getätigt hat – weil er sich hat hinreißen lassen, etwas zu erwerben, was er gar nicht braucht, was ihm im Grunde gar nicht gefällt oder was nicht zu ihm passt.

Warum das Teil dann aber nicht schleunigst entsorgen? Denn mal ehrlich: Wie realistisch ist es schon, dass man einen Gegenstand künftig angemessen häufig benutzt, den man nach dem Kauf mehr als zwei Jahre nicht einmal angefasst hat?

In einem anderen Zusammenhang wird gern rhetorisch die Frage gestellt: »Welches ist das kostspieligste Stück im Kleiderschrank einer Frau?« Die Antwort darauf lässt sich wunderbar auf den gesamten Hausstand übertragen: Es ist das Teil, das sie nie anhat. Denn während sich jedes andere Kleidungsstück, das tatsächlich getragen wird, und sei es auch noch so teuer gewesen, wenigstens einigermaßen auszahlt, ist das Geld für den ungenutzten Schrankhüter komplett aus dem Fenster geworfen.

Und für solche Dinge »zahlt« man, was leicht übersehen wird, wenn man sie wider jede Vernunft jahrelang aufhebt, auch nach dem Kauf noch, und zwar Tag für Tag: nämlich mit Lebensqualität, Platz und der Freiheit, nach eigenen Vorstellungen zu leben, statt unter dem Diktat der Gegenstände.

Ordnung zu schaffen hat noch einen weiteren Vorteil: Denn sobald man anfängt, Schritt für Schritt auszumisten, schärft sich auch der Blick dafür, was man überhaupt braucht und sich künftig anschaffen möchte. All die kleinen und großen Verführungen des Alltags werden dann viel genauer betrachtet: Muss ich das wirklich haben, oder kann ich es auch im Schaufenster bewundern, ohne es mir gleich anzueignen?

Wie leicht ist es aber auch, sich von gezielter Werbung und grundsätzlich aufgeheizter Konsumstimmung mitreißen zu lassen!

Systematisch sollen wir zu einer Art allgemeiner Schnapphaltung animiert werden: etwas sehen – zuschlagen, sich bloß nichts entgehen lassen; Schnäppchen machen, bevor uns ein anderer zuvorkommt.

Obwohl wir im totalen Überfluss leben, schafft es die Industrie immer wieder, uns einzureden, wir müssten schnell sein, damit wir noch etwas abbekommen, denn bald schon kommen die neuen Angebote und dann ist alles weg. Was für ein Irrsinn.

Ich komme ja aus der ehemaligen DDR und kann mich noch an die totale Reizüberflutung erinnern, die ich empfand, als ich nach der Wende zum ersten Mal ein Kaufhaus in Westberlin betreten habe. Ich war völlig erschlagen von all den Eindrücken. Und kleiner geworden ist das Warenangebot seither ja nicht gerade …

Die Symphonie deiner Wohnung – harmonischer Klang oder schriller Radau?

Falls du dich an dieser Stelle fragst, was das alles mit Magie zu tun hat und ob es überhaupt noch zum Thema gehört: Ja, das tut es. Magie ist der bewusste Umgang mit Energie und wie schon gesagt: Jeder einzelne Gegenstand hat seine eigene Schwingung, die er der Gesamtenergie deines Zuhauses hinzufügt.

So befindest du dich zu Hause also in einer Art energetischem Konzert. Die Mitwirkenden: die Wohnung selbst, der vielstimmige Chor der Gegenstände – und du mittendrin.

Spielt alles harmonisch zusammen, hört sich die »Musik«, die dabei herauskommt, wunderbar an; dann beschwingt dich die Wohnung und gibt dir Kraft. Entstehen jedoch an irgendeiner Stelle – sei es nun bei den Bewohnern, den Gegenständen in ihrem Zuhause oder bei der Wohnung selbst – Verstimmungen oder Misstöne, so beeinträchtigen diese das gesamte Klangerlebnis.

Ein Beispiel: Wer schwer depressiv ist, findet oft nicht einmal die Kraft, seine Wohnung zu pflegen, und diese wird darunter leiden. Wenn umgekehrt ein Haus traurig ist, zieht das auch die Bewohner mit runter. Und was ebenfalls sein kann: dass die ganzen Dinge, also das große Ensemble der Einrichtungs- und Dekoartikel, die beiden anderen Mitwirkenden der Symphonie zu überwältigen und an die Wand zu spielen drohen.

Da bestehen also immer Wirkungen und Wechselwirkungen, kein Faktor steht für sich allein. Und die gute Nachricht: Dies gibt dir viele Möglichkeiten, im Positiven auf die Musik in deiner Wohnung einzuwirken und sie harmonisch zu gestalten.

Das alles ist reine Erfahrungssache und hat mit abgehobener Esoterik nicht das Geringste zu tun. Auch der rationalste Mensch fühlt sich an bestimmten Orten instinktiv wohl oder unwohl, ganz unabhängig davon, wie schön es dort rein optisch betrachtet ist. Es gibt chaotische Wohnungen, die großen Charme versprühen, und solche, in denen alles so perfekt, künstlich und gestellt wirkt, dass man am liebsten sofort wieder daraus flüchten möchte.

Das Phänomen kennst du bestimmt auch: Manche Leute haben eine beneidenswert geschmackvoll eingerichtete Wohnung, aber man fühlt sich darin wie in einem Museum, in dem man besser nichts anfasst. Doch eine Wohnung ist ein Ort zum Leben und kein Ausstellungsgelände.

Die Energie muss für die Bewohner und das Haus stimmig sein! Das ist wie bei Liebesbeziehungen: Die einen brauchen es ruhig, die anderen eher stürmisch, um glücklich zu sein.

Wie es beide am liebsten haben, muss jedes Paar und jede Familie für sich ausmachen. Und in diesem Fall besteht die Familie nun mal aus dem Wohnraum, seinen Bewohnern und den Dingen, mit denen sie sich umgeben. Ihr seid ein Team und beeinflusst euch alle gegenseitig.

Drei

Magie der Himmelsrichtungen und Kraft der Elemente

Die Himmelsrichtungen spielen in vielen alten Wohntraditionen eine zentrale Rolle, von der Ausrichtung der Jurte oder des Zeltes bei den Nomadenvölkern bis hin zur hoch entwickelten Wohnkunst des chinesischen Feng-Shui. Aber auch in unserem Kulturkreis lassen sich noch Erinnerungen an dieses alte Wissen ausmachen.

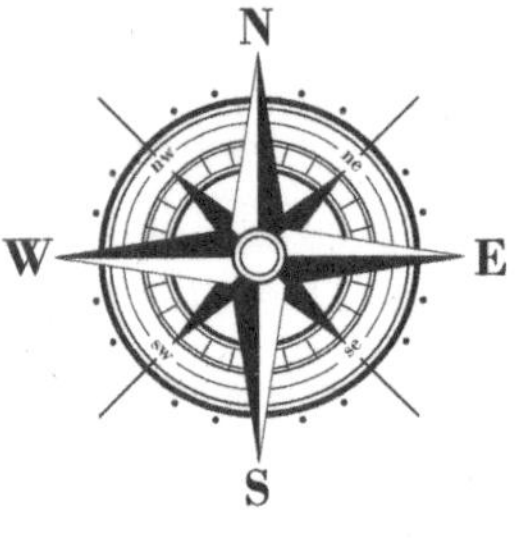

Man wird kaum eine alte Kirche finden, deren Altar nicht nach Osten in Richtung der aufgehenden Sonne ausgerichtet ist. Manchmal wurden – schon vor Jahrhunderten – links und rechts des Altars prachtvolle Fenster eingesetzt, durch die vormittags zur Gottesdienstzeit die Sonne scheint und ihre Farben zum Leuchten bringt. Die alten Baumeister waren auch Meister des Lichts und nutzten den natürlichen Lauf der Sonne gezielt, um bestimmte Stimmungen zu erschaffen und die innere Einkehr der Kirchenbesucher bestmöglich zu unterstützen.

Auch wenn wir unsere Wohnung nicht gleich in eine Kathedrale verwandeln wollen, können wir von diesem alten Wissen bis heute lernen. Denn die meisten Gegebenheiten in der Natur sind unveränderlich. So nimmt auch die Sonne jeden Tag denselben Weg, woran uns der altbekannte Spruch erinnert, die Eselsbrücke aus Schulzeiten:

»Im Osten geht die Sonne auf
und nimmt im Süden ihren Lauf,
im Westen wird sie untergeh'n,
im Norden ist sie nie zu seh'n.«

Sich mit den Abläufen der Natur so gut es geht zu verbinden sollte jedem Architekten, der seine Arbeit für die Menschen ernst nimmt, ein Anliegen sein. Aber natürlich gibt es dabei auch äußere Bedingungen einzubeziehen, an denen kaum etwas zu ändern ist. So können etwa umgebende Häuser Schatten werfen und damit einen ganzen Wohnblock verdunkeln. Gerade dann jedoch muss man noch mehr darauf achten, aus den Gegebenheiten das Beste zu machen. Denn die Behauptung, dass man nicht gegen die Natur leben kann, ist selten so wahr wie beim Tageslicht.

Magisch betrachtet hat jede der Himmelsrichtungen eine seit alters her überlieferte Bedeutung. Und ihre spezifische Entsprechung in der Welt der Elemente – Luft, Wasser, Feuer, Erde. Darum soll es im Folgenden gehen.

Und um Hinweise darauf zu finden, müssen wir uns nicht am anderen Ende der Welt umschauen, etwa in Asien. Für den großen Wissensschatz, der auch bei uns existiert und der auf unseren eigenen Gegebenheiten und Traditionen gewachsen ist, sind die alten christlichen Kirchen in Deutschland und Europa nur *ein* – wenn auch besonders imposantes – Beispiel.

Die Arbeit mit den Entsprechungen

Wenn du die folgenden Informationen für dich beziehungsweise deine Wohnung praktisch umsetzen und von ihnen profitieren möchtest, solltest du wissen, die Fenster welcher Zimmer in welche Himmelsrichtung gehen.

Für eine ganz exakte Bestimmung brauchst du einen Kompass und einen Grundriss der Wohnung. Fürs Erste aber kannst du dich auch ganz einfach am Sonnenstand orientieren: Wo ist morgens das erste Licht (Osten), wo steht die Sonne auf ihrem Höchststand mittags (Süden), wo scheint sie am Abend (Westen), und wo suchst du sie den ganzen Tag über vergebens (Norden)?

Im nächsten Schritt werde ich dir im Detail zeigen, wie du die Energie in deiner Wohnung anhand der Himmelsrichtungen im Einzelnen ausbalancieren kannst. Doch zunächst möchte ich dir einen Überblick über ihre alten magischen Bedeutungen und die Bezüge zu den Elementen geben.

Die Energie im Osten – Element Luft △

Aus dem Osten kommt nach der nächtlichen Dunkelheit jeden Morgen das Licht zurück; dies ist die Himmelsrichtung des Neubeginns, die die Energie des Anfangs in sich trägt und transportiert. Hier ist die Kraft frisch und neu; im übertragenen Sinn kann man den Osten daher als die »jugendliche« Himmelsrichtung bezeichnen.

Wenn vom Schnitt der Wohnung her möglich, wären hier Kinderzimmer, aber auch das häusliche Arbeitszimmer oder zumindest der Schreibtisch ideal aufgehoben.

Wichtiger als die konkrete Zuordnung einer Himmelsrichtung zu einem Lebens- oder Funktionsbereich ist jedoch, dass du die grundsätzliche Bedeutung verstehst, denn dann kannst du ganz flexibel damit umgehen. So könnte im Osten beispielsweise auch der Hobbytisch stehen oder alles andere, was nach neuen, unverbrauchten Ideen verlangt und die Energie des Anfangs in sich trägt.

Anzeichen für ein Ungleichgewicht in diesem Bereich:

Wiederkehrende Probleme in der Kommunikation, der Austausch mit anderen stockt, man vermisst neue Erfahrungen, das berufliche Vorankommen gelingt nicht so richtig, Lernerfahrungen und Weiterbildung könnten positive Impulse vertragen, Probleme bei Kopfarbeiten aller Art.

Farben: hellblau, gelb, weiß, alle zarten Pastelltöne, helles, zartes Gold

Symbole: weiße, gelbe und pastellfarbene Kerzen, Federn, Klangschalen und Instrumente aller Art, Räucherschalen, Duftlampen oder Räucherstäbchengefäße, Bilder oder Blumen in den entsprechenden Farben, Potpourris und alles, was duftet (also mit dem Element Luft in Verbindung steht); aber auch die ganz praktischen Dinge der Kommunikation wie Handy beziehungsweise Telefonapparat, Briefablage, Computer und dergleichen sind im Osten gut aufgehoben, wenn man dieses Element beleben will.

Die Energie im Südosten – Luft trifft auf Feuer

Im Südosten bekommt die zarte, reine Anfangsenergie des Ostens einen stärkeren Impuls, denn das Element Feuer gesellt sich dazu und die beiden bilden eine aktive, lebenslustige Mischung. Hier besteht bereits etwas mehr Nachdruck, im wahrsten Sinne des Wortes »mehr Feuer« als im Osten, der von der Energie her noch ganz unschuldig und frisch ist.

Anzeichen für ein Ungleichgewicht in diesem Bereich:

Es fällt dir schwer, deine Ideen wirklich umsetzen und nicht nur darüber nachzudenken, Problemlösungen gelingen nicht, du vermisst Lebensfreude und Spaß, es wäre gut, mal wieder neue Energie zu tanken.

Farben: alle Gelbtöne, orange, warmes, sattes Gold

Symbole: Bei den Himmelrichtungen, in denen zwei Elemente zusammentreffen, wählt man für jedes der beiden Elemente ein Symbol und kombiniert sie miteinander.

Im Südosten ist speziell die Farbe Orange als Mischung aus gelb (Osten) und rot (Süden) empfehlenswert, dazu ein Kommunikationssymbol, eine Feder und eine Kerze oder was immer dich von den beiden Elementen, die hier zusammentreffen, besonders anspricht.

Die Energie im Süden – Element Feuer △

Wenn die Sonne auf ihrer Bahn den südlichsten Punkt erreicht hat, entfaltet sie die größte Hitze und das hellste Licht. Und wie es bei einer solchen extremen Energie eben so ist, bedeutet das, dass diese bewusst und behutsam eingesetzt werden sollte, wenn man sich nicht die Finger an ihr verbrennen möchte.

Wer zum Beispiel eine große Südfront in der Wohnung hat, wird das Gefühl kennen, dass er in seiner Wohnung zwar sehr viel Elan hat, sich aber nicht so leicht entspannen kann.

Jede Himmelsrichtung hat ihre eigene Kraft, die manchmal gestärkt, manchmal aber auch abgefedert werden will, indem man die anderen Kräfte zum Ausgleich mehr betont. Wie das im Einzelnen aussehen kann, erläutere ich etwas später noch.

Anzeichen für ein Ungleichgewicht in diesem Bereich:

Es mangelt an Energie und Durchsetzungskraft, die Sexualität ist getrübt und auch die Bereiche Leidenschaft, Kampfgeist, Vitalität, Antrieb, Dynamik, Zuversicht und Optimismus sind geschwächt.

Farben: rot, orange, sonnengelb, sattes, warmes Gold

Symbole: rote, gelbe und orangefarbene Kerzen, Abbildungen von Feuer (Postkarten, Bilder …) oder der Sonne, aber auch »feurige« Dinge: Wenn sich in deiner Südecke zum Beispiel die Küche befindet, kann ein dekoratives Glas voller roter Chilischoten auch ein starkes Symbol für das Feuer sein, da kannst du kreativ herangehen.

Die Energie im Südwesten – Feuer trifft auf Wasser

Im Südwesten trifft Feuer auf Wasser. In dieser Konfrontation der im Unterschied zu Luft und Erde, die traditionell als »klein« aufgefasst werden, »großen« Elemente (mehr dazu weiter unten), entsteht die größte Spannung überhaupt – und diese setzt ein enormes kreatives Potenzial frei. Von der Polarität her vereinen sich hier das männliche und das weibliche Prinzip in ihrer starken Ausprägung. Und das kann man durchaus mit der Liebe vergleichen: Sie beschert uns die schönsten Höhenflüge und den größten Schmerz, sie ist es aber auch, durch die das Leben weitergeht und sich entfaltet.

Anzeichen für ein Ungleichgewicht in diesem Bereich:

Fehlende Entschlusskraft; es fällt schwer, Gefühl und Kopf zusammenbringen, um Lösungen zu finden, Blockaden im Bereich Kinderwunsch, aber auch der Kreativität und im Selbstausdruck (Gefühle angemessen ausdrücken, spüren, was man wirklich fühlt, und es mitteilen können).

Farben: blau, grün, rot, gelb, violett, gold- und silberfarben

Symbole: Bei den Himmelrichtungen, in denen zwei Elemente zusammentreffen, wählt man für jedes der beiden Elemente ein Symbol und kombiniert sie miteinander.

Im Südwesten ist speziell die Farbe Violett als Mischfarbe aus rot (Süden) und blau (Westen) empfehlenswert. Du kannst das natürlich wie immer auf deine eigene Art einbringen. Das kann ein Blumenstrauß in dieser Farbe sein oder zum Beispiel ein Dekostück, ein Bild, in dem diese Farben vorherrschen oder kleine Dekokristalle. Diese Akzente müssen übrigens nicht groß oder auffällig sein. Nehmen wir einmal an, dass violett für deinen Geschmack nicht zu den anderen Einrichtungsfarben passt, du möchtest aber trotzdem gerne damit arbeiten. Dann kannst du die Farbe auch versteckt zum Einsatz bringen und zum Beispiel einen schönen Amethyst (ein violetter Edelstein) in das Fach einer Kommode in dieser Ecke legen.

Die Energie im Westen – Element Wasser ▽

Das Element Wasser führt uns in das Reich der Seelenkräfte, der Träume und Emotionen. Oft wird es als eher passive Kraft betrachtet und deshalb ein bisschen unterschätzt. Dabei stellen die Gefühle doch eine wichtige Grundlage unseres Lebens dar. Und das auch oft in Zusammenhängen, von denen man meinen könnte, dass sie allein der Vernunft unterliegen. Bei Kaufentscheidungen zum Beispiel. Doch ist längst bekannt, dass logische Erwägungen dabei nicht unbedingt die wichtigste Rolle spielen. Auch die meisten Manager und anderen Führungskräfte treffen ihre Entscheidungen, wie verschiedene wissenschaftliche Untersuchungen ergeben haben, überwiegend intuitiv, »aus dem Bauch heraus«. Dasselbe gilt für viele andere Lebensbereiche.

Wir alle haben einen inneren Kompass, unseren Instinkt, und diese innere Kraft ist eng mit dem Element Wasser verbunden.

Anzeichen für ein Ungleichgewicht in diesem Bereich:

Es fällt schwer, Emotionen zuzulassen, die Selbstwahrnehmung ist getrübt, man schläft schlecht, das spirituelle Wachstum stockt,

Probleme in Liebesbeziehungen und in Sachen Romantik, wenn der innere Kompass stockt und man bei wichtigen Themen immer wieder emotional hin- und hergerissen ist oder ein »Und-täglich-grüßt-das-Murmeltier«-Gefühl hat, weil man an bestimmten Punkten immer wieder auf dieselben Probleme stößt.

Farben: grün, blau, türkis, grau, silber

Symbole: Muscheln, Bilder von Fischen und Unterwasseraufnahmen aller Art, Dekokristalle in weiß, blau, silberfarben oder türkis, Schalen oder Gläser mit Wasser. (Das Naheliegende ist hier meistens auch das Beste.)

Die Energie im Nordwesten – Wasser trifft auf Erde

In der Begegnung mit dem Element Erde im Nordwesten trifft das sanfte, aber auch schwankende Element Wasser auf festen Boden. Hier finden die Gefühle Halt, umgekehrt aber findet auch das Materielle zum Gefühl. Das große Thema ist an diesem Punkt der Einklang von Körper und Seele, von innen und außen, vom tragfähigen Grund und gleichzeitig der Fähigkeit, die praktischen Dinge des Lebens mithilfe des Gefühls richtig zu gewichten.

Anzeichen für ein Ungleichgewicht in diesem Bereich:

Probleme in Freundschaften und Kontakten oder auch mit Arbeitskollegen, Konflikte mit den Kindern, Probleme beim Verwirklichen von Wünschen ganz realer Natur, wenn man die spirituelle Körperarbeit unterstützen will (Yoga, Atemtechniken, Chakrenarbeit und Ähnliches) – also im Grunde geht es hier um alle Lebensbereiche, in denen sich das Emotionale mit dem materiell Greifbaren berührt.

Farben: dunkelblau, dunkelgrün, silber- und goldfarben

Symbole: Bei den Himmelsrichtungen, in denen zwei Elemente zusammentreffen, wählt man für jedes der beiden Elemente ein Symbol und kombiniert sie miteinander.

Im Nordwesten würde sich eine Schale feuchte Erde anbieten, du kannst dafür ganz normale Erde nehmen oder Heilerde aus der Drogerie anrühren und jeden Tag neu mit etwas Wasser befeuchten, bis du merkst, dass dieser Bereich wieder ausgeglichen ist.

Die Energie im Norden – Element Erde 🜃

Im Norden sind wir beim soliden Element Erde angekommen. Hier geht es um die entscheidenden, die buchstäblich elementaren Dinge im Leben, vom Wachstum der Nahrung bis zur letzten Ruhe, vom Hab und Gut bis zum Körper und der Gesundheit.

Doch auch wenn sie scheinbar das trägste der vier Elemente ist, sollte man die Erde nicht unterschätzen. Gerade heute, da wir in einer Zeit leben, die mit der Dominanz der Informationstechnologie vor allem im Luftelement schwelgt, brauchen wir eine ordentliche Erdung umso dringender.

Anzeichen für ein Ungleichgewicht in diesem Bereich:

Probleme in Sachen materieller Besitz und Finanzen, Gesundheit, Geld, Wohlstand und das Gefühl, festen Boden unter den

Füßen zu haben, es gelingt nicht so richtig, sich etwas aufzubauen, das dauerhaft trägt, man vermisst Sicherheit und solide Verhältnisse, es gibt belastete Verbindungen zu den Ahnen, man will endlich alte Familienthemen aufarbeiten, es fällt schwer, Ruhe und Entspannung zu finden.

Farben: grün, braun, gold, schwarz, ocker

Symbole: Erde, Steine (vom Edelstein bis zum Flusskiesel), dekorative Gegenstände aus Stein (kleine Specksteinfiguren und Ähnliches), selbst Getöpfertes und andere Dinge aus Ton, Pflanzen, Früchte und Gemüse aller Art, getrocknete Blumen.

Die Energie im Nordosten – Erde trifft auf Luft

Im Nordosten gesellt sich dem soliden Erdelement die zarte, verspielte Energie der Luft hinzu und lockert es auf. Das ist eine wunderbare Mischung: Die Erde gibt der Luft den nötigen Halt, während die Luft ihrerseits dafür sorgt, dass die Erde nicht zu schwerfällig und langsam wirkt.

Anzeichen für ein Ungleichgewicht in diesem Bereich:

Zu viel Kopfdenken und zu wenig praktisches Tun, Probleme, geistige Arbeiten fertigzustellen und Vorhaben umzusetzen; wenn es einem schwerfällt, realistisch zu planen, und wenn man einen gut fundierten Neubeginn wagen will.

Farben: weiß, grün, braun, golden, gelb, grau, schwarz, ocker und alle Pastellfarben des Luftelements

Symbole: Bei den Himmelsrichtungen, in denen zwei Elemente zusammentreffen, wählt man für jedes der beiden Elemente ein Symbol und kombiniert sie miteinander; im Nordosten ist speziell die Farbe Grau als Mischung aus schwarz (Norden) und weiß (Osten) empfehlenswert, aber auch goldbraune Töne vereinen die beiden Elemente sehr schön in sich; ganz praktisch kannst du alles verwenden, was Luft und Erde zusammenbringt: eine Klangschale, eine Räucherschale (die als Schalen beide auch stofflich-»erdig« sind) oder zum Beispiel ein Windspiel mit Elementen aus Federn und Holz. Ein Bambus-Klangspiel wäre zum Beispiel auch ideal.

Zu den Symbolen möchte ich noch sagen, dass du dich frei fühlen sollst, damit zu experimentieren. Oft hat man auf Anhieb eine Idee und fast immer ist dieser erste Gedanke der beste. Manchmal kann man sich das nicht gleich erklären oder hat im ersten Moment das Gefühl, dass die Idee nicht wirklich passt. Vertraue trotzdem deiner Eingebung, denn nicht selten erklärt sie sich etwas später ganz von selbst. Unsere Intuition weiß oft schon vor dem Kopf, was uns guttut, und nur weil das bewusste Denken ein bisschen hinterherhinkt, sollte man sich nicht davon abbringen lassen, auf sie zu hören und ihre Eingebungen zu schätzen.

Ein weiterer Hinweis: In dem Moment, in dem du beginnst, aktiv mit den Elementen und ihren Symbolen zu arbeiten, wird deine innere Stimme das bemerken und munter werden. Sie wird anfangen, dir Hinweise zu geben, sei es in Form spontaner Einfälle oder dadurch, dass sich bedeutungsvolle Zufälle ergeben.

Vielleicht denkst du beim Element Feuer sofort an ein ganz bestimmtes Strandfoto aus dem Spanienurlaub, vielleicht fallen dir beim Element Luft spontan Luftballons, Konfetti oder Seifenblasen ein. Das sind jetzt nur zwei Beispiele, es gibt so viele Möglichkeiten, und deine innere Stimme wird immer die besten Ideen haben. Folge ihr und setze diese Ideen um.

Was in Büchern und Tabellen steht, vergleiche ich gerne mit der Startbahn eines Flugzeugs: Ohne einen Punkt, an dem man anfangen kann und eine solide Basis hat, wird der Start schwerfallen. Doch wenn man dann erst einmal ins Rollen gekommen ist, sollte man nach einer Weile ruhig abheben und mit eigenen Ideen durchstarten.

Himmelsrichtungen, Elemente und menschliches Temperament

Dass die Lichtverhältnisse einen erheblichen Einfluss auf unsere Stimmung und damit letztlich auch das Verhalten haben, ist erwiesen. Und natürlich wirken sie sich auch in unseren Wohnungen aus.

So kann eine *Betonung des Ostens* in einer Wohnung aufgrund der Stärke des Elements Luft dort dazu führen, dass man wunderbar denken, Pläne machen, entwerfen und kreativ sein kann, doch vermutlich fehlt es da etwas an Ruhe und Gemütlichkeit sowie an der Fähigkeit, sich auch mal zu entspannen.

In einer *Wohnung mit Süd-Betonung* herrscht so viel Energie, dass die Emotionen dort schneller hochkochen können als anderswo. Da ist immer Leben drin, aber dieses Feuer muss auch hin und wieder etwas eingedämmt werden, damit es nicht ungemütlich wird.

Ist der *Westen die beherrschende Himmelsrichtung*, spielen Gefühle eine große Rolle und auch die Intuition wird gestärkt.

Allerdings kann unter diesen Umständen der Kopf leicht zu kurz kommen, sodass es eines gewissen Ausgleichs bedarf, damit die Emotionen nicht überhandnehmen und den Verstand gänzlich ausschalten.

Im Norden sind Gemütlichkeit und Erdung das große Stichwort. Sich zu entspannen dürfte hier nicht schwerfallen – doch mitunter ist es gar nicht so leicht, auch mal wieder in die Gänge zu kommen.

Zudem ist der Norden naturgemäß die Himmelsrichtung mit der geringsten Lichteinstrahlung. Damit sind hier auch die tiefen Mysterien des Lebens zu Hause. Die Welt ständig im Modus der Tiefgründigkeit zu betrachten, wäre allerdings allzu einseitig. Da braucht es also einen adäquaten Ausgleich.

Der energetische Ausgleich in der Wohnung

Wenn du feststellst, dass in deiner Wohnung bestimmte Bereiche im Hinblick auf Himmelsrichtung/Element überproportional groß sind, während andere eher klein ausfallen, kannst du das ausgleichen, indem du die kleinen Bereiche passend zum jeweiligen Element schmückst und damit bestärkst.

Umgekehrt kannst du in den großen Bereichen (in denen dann eben auch genügend Platz ist) ganz bewusst ein ausgleichendes Symbol des entgegengesetzten Elements verwenden. So wird aus Minus und Plus die Balance in der goldenen Mitte.

Lebst du etwa in einer »feurigen« Wohnung mit starker Süd-Betonung, so kann dir das Element Erde helfen, diese überschießende Energie zu besänftigen, damit du dich wohl und ausgeglichen fühlst. Zum Beispiel könntest du die Figur einer

Erdgöttin aus Terrakotta oder einen großen Kristall in den südlichen Bereich der Wohnung stellen.

Zur besseren Übersicht habe ich das in einer Tabelle zusammengefasst, aus der auch die klassischen magischen Zuordnungen (etwa zum Geschlecht der jeweiligen Elemente) hervorgehen, damit du dir ein umfassendes Bild machen kannst:

Auszugleichende Himmelsrichtung	*Element*	*Geschlecht und Gewichtung des Elements*	*Ausgleich durch Symbole von*	*Arbeiten in der Himmelsrichtung*
Osten	Luft	Männlich, klein	Wasser	Westen
Südosten	Luft und Feuer	Männlich, klein und groß	Wasser und Erde	Nordwesten
Süden	Feuer	Männlich, groß	Erde	Norden
Südwesten	Feuer und Wasser	Männlich, groß und weiblich, groß	Luft und Erde	Nordosten
Westen	Wasser	Weiblich, groß	Luft	Osten
Nordwesten	Wasser und Erde	Weiblich, groß und klein	Luft und Feuer	Südosten
Norden	Erde	Weiblich, klein	Feuer	Süden
Nordosten	Erde und Luft	Weiblich, klein und männlich, klein	Feuer und Wasser	Südwesten

»Groß« und »klein« sind hier nicht im Sinne von »mächtiger als« zu verstehen; eher stellen Feuer und Wasser – bildlich gesprochen – so etwas wie die großen Geschwister von Luft und Erde dar. Und was das »Geschlecht« der Himmelsrichtungen betrifft: Wenn wir uns die Abfolge der Elemente kreisförmig wie auf einem Kompass vorstellen, dann ist die eine Hälfte des Kreises männlich (Osten und Süden) und die andere Hälfte weiblich (Westen und Norden).

Selbstverständlich will all das in der Praxis behutsam abgestimmt werden, eine Wohnung ist schließlich etwas Lebendiges und kein steriles Experimentierfeld. Wichtiger als Perfektion sind die Gefühle und dazu gehört auch dein persönlicher Geschmack.

Wenn du zum Beispiel eine Wohnung mit starker Westseite hast und dem dadurch stark betonten Element Wasser das ausgleichende Element Luft an die Seite stellen möchtest, dann kommen die Farben Gelb, Weiß und alle hellen Pastelltöne infrage. Doch womöglich magst du diese Farben nicht oder sie entsprechen nicht deinem Einrichtungsstil. Dann wäre es passender, das Element Luft anderweitig ins Spiel zu bringen, zum Beispiel durch Federn (gern auch symbolisch, zum Beispiel auf einem Bild an der Wand), eine Duftlampe oder Räucherschale.

Suche die Bilder, Symbole und Naturmaterialien, die du verwenden möchtest, so aus, dass sie sich harmonisch in die bisherige Einrichtung deiner Wohnung einfügen – es sei denn, du willst eine generelle Veränderung einleiten. Auch dafür kann die Arbeit mit den vier Elementen nämlich ein schöner Anstoß sein.

Vermeide jedoch nach Möglichkeit Schnellschüsse oder radikale »Ab-sofort-wird-alles-anders!«-Lösungen, denn sie halten meistens nicht lange vor. Der Mensch ist eben wirklich in vieler Hinsicht ein Gewohnheitstier – und das ist überhaupt nicht negativ gemeint. Wir brauchen eine gewisse Kontinuität. Und je temporeicher die Zeit wird, in der wir leben, desto wichtiger werden auch Dinge, die uns vertraut sind.

Immer mit der Ruhe!

Lass dir also Zeit mit dem Ausgleich der Elemente in deiner Wohnung. Niemand hetzt dich (höchstens du selbst).

Wenn man ein bestimmtes Buch gelesen hat, neigt man mitunter dazu, alles, was darin steht, sofort umsetzen zu wollen, nach dem Motto: Jetzt bringe ich aber alles auf Vordermann! Und dann? Nach dem kurzen Hype tritt bald erneut Unzufriedenheit auf, und man stellt ernüchtert fest: Das war jetzt auch nicht die große Offenbarung. Also auf zum nächsten Buch, zur nächsten Methode, dem neuen großen »Tool«, dem Wundermittel, von dem gerade alle sprechen …

Tu dir selbst einen Gefallen und klinke dich da so gut wie möglich aus, gerade wenn es um so einen wichtigen Bereich wie die Wohnung geht. Gefühl ist hier – das kann ich nur wiederholen – immer wichtiger als Perfektion. Natürlich macht es Freude, wenn man merkt, dass sich etwas tut und man mit seinen Ideen richtig liegt. Aber dein Zuhause ist eben auch dein ganz privater Lebensraum. Und den solltest du mit liebevollem Blick betrachten und nicht wie ein schlecht gelaunter Kritiker im Nörgelmodus.

Unterschwellig versuchen Werbung und Medien (die im Grunde sowieso immer weniger voneinander zu unterscheiden sind) uns die Haltung einzutrichtern: Wenn ich erst dieses oder jenes habe / kaufe / mache / besitze, dann geschieht das große Wunder. Der Prozess dieser Einflussnahme verläuft so subtil und vielschichtig, dass man es bewusst kaum bemerkt. Man fühlt nur diesen diffusen Sog, immer weitermachen zu müssen, niemals wirklich fertig zu werden oder irgendwo anzukommen. Dadurch aber leben wir immer in der vermeintlich glor- und erfolgreicheren Zukunft (sofern man denn all die angepriesenen Dinge und Dienstleistungen auch bezahlen kann), aber nie in der Gegenwart.

Wenn wir mal ehrlich sind: Ganz perfekt wird eine Wohnung nie sein, zumindest nicht, wenn in ihr gelebt wird, und darum geht es doch. Wo sollten in einer »perfekten« Wohnung auch die guten Hausgeister wohnen, auf blank polierten Glastischen etwa, zwischen Edelstahl und fein säuberlich aufgereihten Dekogegenständen?

Perfektionismus ist das Gegenteil von Lebendigkeit, er begrenzt deine Möglichkeiten und schränkt dich drastisch ein. Behalte das immer im Hinterkopf, wenn du dich daranmachst, energetisch mit deiner Wohnung zu arbeiten, und gehe mit Liebe, Sorgfalt und Nachsicht ans Werk.

Vier

Bei fehlender Balance: ohne Diagnose keine Therapie

Ganz ähnlich wie beim ganz normalen Putzen gibt es auch in der Magie Unterschiede zwischen »mal wieder fix durchfeudeln«, einer gründlichen Reinigung (vergleichbar dem großen Frühlingsputz) und speziellen Herausforderungen (à la »Der Fleck muss weg«).

Zum Vorbeugen und damit alles schön in Ordnung bleibt, genügt es in der Regel, die Wohnung gelegentlich durchzuräuchern. Und manchmal hat man auch »einfach so« das Bedürfnis nach einer intensiveren Reinigung – ohne bestimmten Anlass. Sobald jedoch ein Problem spürbar wird, möchte man gezielt dagegen vorgehen können.

Dafür muss man allerdings erst einmal wissen, *was* da genau *wo* im Argen liegt.

Und das ist mitunter gar nicht so einfach. In meiner Arbeit als Hexe erlebe ich es oft, dass Leute zwar das Gefühl haben, irgendetwas stimmt nicht in ihrer Wohnung, aber nichts Näheres darüber sagen, es nicht einordnen können.

In diesem Kapitel möchte ich daher auf der Basis von Himmelsrichtungen und Elementen zwei »Diagnoseinstrumente«

vorstellen, mit denen du den energetischen Verunreinigungen und Unausgeglichenheiten in deiner Wohnung auf die Spur kommen kannst. Natürlich gibt es noch viele andere Methoden, um den Dingen auf den Grund zu gehen, aber ich habe mich aus praktischen Gründen bewusst für Skatkarten und Pendel entschieden: Die Karten hast du vielleicht schon zu Hause, anderenfalls kannst du sie schnell preisgünstig erwerben, und für ein Pendel reichen Ring und Faden.

Du kannst also gleich loslegen.

Das Orakel

Wenn man sich in den verschiedenen Kulturen umschaut, entdeckt man schnell eine Gemeinsamkeit in der magischen Arbeit: Kaum einem Problem wurde ohne vorherige Diagnose in Form eines Orakels begegnet. Bei allgemein vorbeugenden Handlungen und Ritualen war das natürlich nicht nötig, die wurden gemäß der jeweiligen örtlichen Tradition durchgeführt, aber wenn man die Ursachen für etwas nicht kannte und Näheres erfahren wollte, musste man genauer hinschauen. Und dafür wurde eben im Allgemeinen das Orakel zurate gezogen.

Man befragte also nicht nur sich selbst und andere, um die Lösung eines Problems zu finden, sondern wendete sich auch an die spirituelle Welt, um zu den benötigten Informationen zu gelangen.

In unserer heutigen, vor allem auf Tempo und vermeintliche Effektivität ausgerichteten Welt wird eine solche Vorgehensweise oft als unnötiger Umweg empfunden, weil man von vornherein meint, ohnehin die Ursachen jedes Problems zu kennen.

Wie vermessen!

Ein Orakel ist weder ein lästiger Umweg, noch kann man automatisch davon ausgehen, dass man wirklich alles über eine Situation weiß und ihre tieferen Ursachen kennt. Das glaubt man vielleicht. Aber dann darf man sich auch nicht wundern, wenn man keine nachhaltigen Lösungen findet. Wer immer dasselbe tut, ohne nach den Wurzeln zu suchen, wird auch nie zu neuen, auf das jeweilige Problem zugeschnittenen Lösungen kommen. Etwas Bescheidenheit und ein höheres Maß an Offenheit für mögliche weitere Aspekte bringt einen oft weiter als vorschnelle Schlussfolgerungen.

Es ist wie beim Arzt: Von dem möchte man doch auch nicht nach Schema F behandelt werden, sondern erwartet zu Recht, dass er erst einmal sorgfältig eine Diagnose erstellt, bevor er mit der Therapie beginnt.

Das Wahrsagen und die Magie haben sich bei uns im Laufe der Zeit zu zwei verschiedenen Disziplinen entwickelt, doch im Grunde gehören sie untrennbar zusammen. In dem alten Wort Divination für Wahrsagung kommt diese Einheit noch zum Ausdruck: »Divinus« heißt göttlich. Und die Konsultation des Orakels ist nichts anderes als die Befragung der Götter.

Oder wie es ein afrikanischer Eingeweihter einmal auf den Punkt gebracht hat: »No oracle, no remedy«, also: kein Orakel – keine Lösung (wobei das Wort »remedy« es noch besser trifft, bedeutet es doch sowohl Arznei, Lösung, Hilfe als auch Gegenmittel im weitesten Sinne, also genau das, was man sich von der Befragung des Orakels verspricht).

An ein Orakel wendet man sich, wenn etwas spürbar nicht rund läuft und man sich die Ursache dafür nicht erklären kann, oder aber, um die eigenen Vermutungen bezüglich des jeweiligen Problems abzuklären.

Um auf unser Thema zurückzukommen: Wenn es um die allgemeine Harmonisierung und – vor allem vorbeugende – Reinigung geht, braucht man kein Orakel. Was aber nicht heißt, dass nicht auch die bewusste Arbeit mit den vier Elementen intuitiv und aus dem Gefühl heraus erfolgen würde. Schließlich ist auch das eine kreative Arbeit, die Freude machen soll, und kein verbissenes Sichabgrenzen. Es geht ums Gleichgewicht und um Harmonie und nicht darum, sich hinter einer spirituellen Schutzmauer zu verschanzen.

Erst wenn man das Gefühl hat, dass irgendetwas grundlegend nicht stimmt beziehungsweise nicht mit rechten Dingen zugeht, oder bereits konkrete Probleme vorliegen, wird ein Orakel notwendig. Auch aus dem Grund, dass man nicht immer auf der richtigen Fährte ist, selbst wenn einem die eigenen Vermutungen absolut schlüssig vorkommen. Aber manchmal verrennt man sich in etwas, ohne es zu bemerken, übersieht wichtige Faktoren oder folgt blind einer alten Gewohnheit und ist sich dessen gar nicht bewusst. Das Orakel ist also auch ein Korrektiv, das hilft, das Wesentliche vom Unwesentlichen zu unterscheiden und zu erkennen, wo man am besten ansetzt, um das jeweilige Problem bestmöglich zu lösen.

Erste Methode: die Befragung der Karten

Da sicher nicht alle Leserinnen und Leser mit dem Orakeln vertraut sind, möchte ich nun ein kompaktes, klares System vorstellen, das auf den Skatkarten basiert.

Wenn du bereits mit einem anderen Kartenorakel, wie etwa dem Kipper- oder dem Lenormanddeck, vertraut bist und es sich für dich bewährt hat, nutzt du am am besten vielleicht dieses, um Fragen zu Unstimmigkeiten in deinem Zuhause zu analysieren. Aber versuchsweise kannst du natürlich gern auch mal mit den Skatkarten arbeiten. Ganz, wie du willst.

Die Skatkarten mit ihren vier Farben entsprechen den vier Elementen und haben klare Bezüge zu ihnen, sodass sie für diese Aufgabe geradezu ideal sind. Natürlich kannst du auch Rommé-Karten verwenden. Du brauchst dann nur die Joker herauszunehmen.

Die folgende Tabelle gibt dir eine erste Übersicht:

Element Luft	Pik bzw. Blatt	Osten	Tarot: Schwerter
Element Feuer	Kreuz bzw. Eichel	Süden	Tarot: Stäbe
Element Wasser	Herz	Westen	Tarot: Kelche
Element Erde	Karo bzw. Schellen	Norden	Tarot: Münzen

Wie du siehst, entspricht die Farbe Kreuz beziehungsweise Eichel dem Element Feuer; die Herzkarten gehören zum Element

Wasser, die Luft wird durch Pik beziehungsweise Blatt vertreten und die Schellen- und Karokarten gehören zum Element Erde.

Die Zuordnung der Elemente zu den Himmelsrichtungen zeigt dir – buchstäblich –, wo du nachschauen musst. Wenn zum Beispiel Karokarten auftauchen, wird klar, dass das Element Erde allgemein und im Speziellen der Raum oder die Räume im Norden der Wohnung deine Aufmerksamkeit brauchen.

Im weiteren Text verwende ich der Einfachheit halber die Begriffe Pik, Kreuz, Herz und Karo für die Karten, die aus dem französischen Skatblatt stammen, das stärker verbreitet ist. Selbstverständlich kann man das eins zu eins auf das deutsche Blatt mit Blatt, Eichel, Herz und Schellen übertragen.

Im Gegensatz zur sonst üblichen Deutungsweise der Skatkarten geht es in unserem Zusammenhang nur um die Elemente als solche – die Farbe, wie man beim Kartenspielen auch sagt. Zahlen und Bilder auf den Karten lassen wir außen vor.

Du kannst dir natürlich auch deine eigenen Karten für die vier Elemente anfertigen oder die kleinen Arkana der Tarotkarten verwenden (daher habe ich in der Tabelle oben auch die Tarot-Korrespondenzen mit angegeben). Wer schon ein Tarotdeck besitzt, muss sich also nicht extra Skatkarten anschaffen.

Wichtig ist bei der Wohnraumanalyse mit den Karten der Blick aufs Wesentliche – und das sind die Elemente und die Himmelsrichtungen.

Ein hilfreiches Legesystem

Für eine Analyse der Probleme in der Wohnung bietet sich eine Legung mit drei Karten an:

Die erste Karte steht für die grundsätzliche Richtung, mit der es zu arbeiten gilt (Ost, Süd, West oder Nord?).

Die zweite Karte benennt die hinzukommende Richtung.

Wenn die Kombination dieser beiden Karten eine Himmelsrichtung wie Nord – Ost ergibt, bei der auf eine Karokarte Pik folgt, werden sie zusammengefasst (in diesem Fall also zur Himmelsrichtung Nordost).

Passen die Himmelsrichtungen auf der Windrose nicht zusammen (wie zum Beispiel Nord – Süd), dann stehen sie für zwei Himmelsrichtungen, die einzeln behandelt werden wollen.

Die dritte Karte stellt den blinden Fleck dar, also das, was man übersehen haben könnte.

Die Gewichtung der Karten erfolgt in ihrer Reihenfolge: Die erste wiegt am schwersten, die zweite mittelschwer und die dritte Karte ist relativ leicht zu nehmen.

Da die Theorie jedoch immer ein bisschen grau ist, schauen wir uns das an Beispielen an. Ich habe drei ausgewählt:

1. *Eine Frau fühlt sich in ihrer Wohnung irgendwie nicht ganz wohl und will es mit der Drei-Karten-Methode abklären. Sie zieht:*

Pik – Kreuz – Pik

Dies entspricht den Elementen Luft – Feuer – Luft.

Luft und Feuer, die ersten beiden Karten, stehen für Osten und Süden und ergeben damit zusammengezogen die Himmelsrichtung Südosten mit den im vorigen Kapitel beschriebenen Eigenschaften, an denen es zu arbeiten gilt.

Die letzte Karte ist ebenfalls eine Luftkarte, was zeigt, dass das Hauptgewicht bei der Arbeit auf die Stärkung des Elements Luft gelegt werden sollte; das Feuer spielt demgegenüber nur eine Nebenrolle.

Ganz konkret sollte die Ratsuchende zudem die Räume im Südosten und den Osten selbst noch einmal genauer unter die Lupe nehmen. Denn dort liegt die Ursache ihres augenblicklichen Problems verborgen.

2. *Ein Mann hat in seinem Garten in letzter Zeit vage ein ungutes Gefühl und möchte wissen, was dem zugrunde liegt, schließlich ist der Garten vor allem im Sommer sein zweites Zuhause und für ihn damit zeitweilig fast noch wichtiger als seine eigentliche Wohnung. Er zieht:*

Herz – Kreuz – Pik

Diese Abfolge entspricht den Elemente Wasser – Feuer – Luft und den Himmelsrichtungen Westen – Süden – Osten. (Wasser und Feuer ergeben hier *keine* zusammengezogene Himmelsrichtung. Feuer und Wasser wären Südwest, aber anders herum gilt das nicht, die Sonne wandert schließlich niemals rückwärts, sondern zieht immer dieselbe Bahn von Osten nach Westen.)

Auch bei diesen Karten gilt, dass die erste das meiste Gewicht hat und es danach in abnehmender Stärke weitergeht. Der Mann muss sich also vor allem um das Element Wasser und den Westen in seinem Garten kümmern und dort harmonisierend tätig werden. Er sollte das Element Feuer und den Süden aber auch nicht vergessen, beide möchten mittel-stark beachtet werden, um es mal so auszudrücken. Das Element Luft im Osten hätte auch gern noch etwas Unterstützung, aber das muss nicht besonders viel sein, und es eilt auch erst mal nicht, ein wenig Aufmerksamkeit reicht bereits.

3. *Ein Paar wird mit dem neu gekauften Haus einfach nicht warm, irgendetwas scheint nicht zu stimmen, aber sie können nicht genau sagen, was. Rein optisch ist alles wunderschön, sie müssten eigentlich sehr glücklich dort sein, aber die Energie fühlt sich auch Wochen nach dem Einzug noch nicht wirklich stimmig an. Sie ziehen:*

Karo – Karo – Herz

Diese Abfolge besagt: Erde – Erde – Wasser. Die beiden ersten Karten addieren sich in diesem Fall. Das Hauptgewicht liegt also eindeutig auf dem Element Erde. (Es kann natürlich auch vorkommen, dass alle drei gezogenen Karten derselben Farbe angehören. In einem solchen Fall rückt sich das Element, das die größte Aufmerksamkeit erfordert, noch deutlicher in den Vordergrund.)

Bei der vorliegenden Legung dreht sich also das meiste um das Element Erde sowie den Norden. Wasser und Westen möchten aber auch nicht vernachlässigt werden.

Vielleicht fragst du dich an dieser Stelle, ob man nicht besser noch mehr Karten verwenden könnte oder gar sollte, um das Ergebnis zu präzisieren.

Ganz ehrlich? Ich rate davon ab. Du befragst die Karten schließlich, weil die Situation als solche bereits unübersichtlich genug ist. Mit nur drei Karten kommst du auf den Kern der Sache und kannst dich konzentriert den Ursachen widmen. Mehr Kombinationen würden dich der Wahrheit nicht näher bringen, sondern dich am Ende nur noch mehr verwirren.

Aus meiner Arbeit weiß ich natürlich, dass viele beim Zappen im TV irgendwann einmal beim Astrokanal hängen bleiben und danach der Überzeugung sind, dass echte Profis immer mit gaaanz vielen Karten arbeiten. Was im stillschweigenden Umkehrschluss heißt: Mit weniger Karten auf dem Tisch kann man keinesfalls wirklich in die Tiefe gehen. Denn das sind ja schließlich alles Topexperten … sonst wären sie schließlich nicht im Fernsehen, oder?

Dazu kann ich nur sagen: Das Fernsehen ist ein visuelles Medium, natürlich wollen die Leute da etwas *sehen* – und zwar möglichst viel. Aber genau wie Krankenhausserien nur wenig mit dem realen Klinikalltag zu tun haben und Krimis den echten Polizisten höchstens ein Schmunzeln entlocken, gibt es auch beim Kartenlegen einen Unterschied zwischen Unterhaltung und Realität. In der Praxis, wenn du selbst vor den Karten sitzt, ohne dass irgendeine Kamera schöne Bilder einfangen muss, sieht die Sache ganz anders aus. Und dann erweist sich, dass wenige Karten gleichbedeutend sind mit der Konzentration aufs Wesentliche. (Außerdem haben wir es hier mit spirituellen Fragen zu tun – und Magie braucht keine tausend Bilder.)

Wenn du mehr zur alten Magie tendierst als zur neueren, eher energetisch-psychologischen Schule, hier noch ein paar Hinweise der Skatkarten in diese Richtung:

Pik / Blatt: Luft- und Spukgeister, negative Energien (auch die, die einem von anderen geschickt wurden, Stichwort: Flüche, böser Blick und dergleichen), unruhige Verstorbene und arme Seelen, die besänftigt und ins Licht geschickt werden wollen, luftige und flüchtige Wesenheiten, Poltergeister und solche, die auf Schabernack aus sind.

Kreuz / Eichel: Ahnengeister und Vorfahren, die beachtet werden wollen (das Kreuzsymbol auf den Karten ist ein stilisiertes Ast- beziehungsweise Baumsymbol, daher die Verbindung zum eigenen Stammbaum und zu den Ahnen im Geiste, also den Leuten, die aus »demselben Holz geschnitzt« sind wie man selbst); sie sind im Allgemeinen recht geduldig, aber wenn man sie dauerhaft vergisst, machen sie irgendwann Ärger, um ihre Ansprüche auf größere Aufmerksamkeit durchzusetzen; auch der gute (Familien-/)Hausgeist, der sich vernachlässigt fühlt.

Herz: Unruhige Wassergeister, emotionale Blockaden als Ursache, im eigenen Inneren nach der Lösung suchen, ein inneres Problem und seelische Spannungen werden auf die Wohnung projiziert und belasten die Atmosphäre.

Karo / Schellen: Hausgeister, Geister des Bodens, auf dem das Haus steht, oder des umgebenden Grundstücks, ein Problem in der Bausubstanz oder in (besonders neu angeschafften oder geschenkten) Gegenständen, denen etwas Negatives anhaftet und die gründlich gereinigt werden sollten; hier sind also alle greifbare Dinge im und am Haus gemeint.

Zweite Methode: das Pendeln

Falls die Karten nicht ganz dein Ding sind und du lieber einen anderen Weg wählen möchtest, dann ist bei spezifischen Problemen, deren Ursachen du ergründen möchtest, das Pendel eine gute Wahl. Es kann aber auch eingesetzt werden, um die Ergebnisse einer Kartenanalyse anschließend zu verfeinern und in die Details zu gehen.

Du kannst das Pendel über dem Grundriss deiner Wohnung verwenden oder eben, wie gesagt, auch zur Verfeinerung bestehender (Karten-)Ergebnisse. Wenn du zum Beispiel mit den Karten ein Problem in deiner Küche im Norden ermittelt hast, kannst du mit dem Pendel detailliert nachfragen. Was allerdings, wie ich hinzufügen möchte, nicht immer nötig ist. Das erste und vor allem auch das letzte Wort hat stets deine Intuition; und wenn dir deine innere Stimme eine klare Botschaft gibt, solltest du ihr auch folgen. Orakel sind schließlich kein Selbstzweck und schlussendlich ist es egal, wie du das Problem genau gelöst hast: Gelöst ist gelöst.

Was du brauchst und wie es geht

Wie so vieles im spirituellen Bereich gehört auch das Pendeln zu den Dingen, die gerne künstlich verkompliziert werden, dabei ist es ganz einfach: Du brauchst lediglich eine Schnur und ein Gewicht. Früher wurden meistens Ringe dafür verwendet, ganz besonders Eheringe oder Erbstücke. Aber egal, für welchen Ring du dich entscheidest, er sollte nicht allzu neu, sondern schon eine Weile getragen worden sein.

Du kannst dir auch mit einem Faden und einem kleinen Ast, den du daran befestigst, ein Pendel anfertigen. Glas-, Edelstein- oder Schmuckperlen eignen sich ebenfalls gut. Du schiebst einfach einen Faden hindurch, verknotest ihn unterhalb der Perle, sodass sie nicht darüber wegrutschen kann, schneidest den unter dem Knoten überstehenden Faden ab und schon kannst du anfangen. Aber natürlich kannst du dir auch in einem Esoterikshop ein fertiges Pendel kaufen.

Bevor du ihm die ersten »richtigen« Fragen stellst, musst du eigentlich nur noch herausfinden, woran du die Antwort – Ja oder Nein – erkennst. Dazu erkundigst du dich beim Pendel selbst. Sag einen Satz wie »Ich bin … (dann nennst du deinen Namen)«, auf den es nur eine richtige Antwort gibt. Merk dir, wie sich das Pendel bei »Ja« bewegt. Es wird entweder im Uhrzeigersinn oder in entgegengesetzter Richtung sein. Diese Bewegung steht also für Ja, die andere dann dementsprechend für Nein. Bei manchen schwingt das Pendel nicht kreisförmig (also im oder gegen den Uhrzeigersinn), sondern in Form von einer geraden Linie, die entweder waagerecht oder senkrecht zum Fragenden zeigt. Auch da gilt wieder: Frage dein Pendel beim ersten Mal was von beidem »Ja« und was »Nein« bedeutet, und ab dann könnt ihr zusammen loslegen.

So, und das war's auch schon, mehr Vorbereitung ist gar nicht nötig.

Dann setzt du dich in entspannter Stimmung an einen Tisch, stützt den Ellenbogen auf die Platte und hältst das Pendel in der locker herabhängenden Hand. Dass dein Handgelenk wirklich locker ist, ist sehr wichtig.

Anderenfalls besteht aufgrund der Muskelspannung nämlich eine viel größere Gefahr, dass man seine Wünsche und Erwartungen unbewusst auf das Pendel überträgt.

Schreib dir deine Fragen vorher auf und denk in Ruhe darüber nach. Bei der Arbeit stellen sich oft zusätzliche Fragen ein, und das ist auch völlig in Ordnung. Aber wenigstens die grundsätzlichen sollten gut bedacht sein – das Pendel kann halt nur mit Ja und Nein antworten (oder höchstens noch ausweichende Bewegungen machen, was auf Unklarheit der Situation oder halt auch eine ungeschickte Fragestellung hindeutet).

Wenn wir die im Beispiel oben erwähnte Küche im Norden testen wollten, könnte man etwa Fragen notieren wie: Ist etwas mit dem Ausguss? Soll ich den Raum ausräuchern? Sind die guten Geister der Küche nicht gut genug versorgt? Oder: Hat sich eine negative Energie eingeschlichen?

Dass du auf der richtigen Fährte bist, merkst du oft schon daran, dass das Pendel bei manchen Fragen besonders energisch ausschwingt, während es sich bei anderen kaum bewegt oder nur zaghaft zu einer Antwort hinreißen lässt. Und auch ob es schnell anspringt (also beinahe sofort anfängt zu schwingen) oder nicht, zeigt dir, ob du eine heiße Spur verfolgst oder mit deiner Frage einen Nebenschauplatz beackerst.

Bei der genauen Untersuchung eines Raums mithilfe des Pendels (nimm dir dafür immer genügend Zeit, das entscheidende Detail zu finden dauert oft länger als vermutet) stößt du womöglich sowohl auf positive als auch auf negative Aspekte. Daran ist nichts Widersprüchliches, lass dich also nicht verwirren und zweifle nicht an den Ergebnissen deiner Arbeit. So gut wie nichts im Leben ist nur weiß oder schwarz, gut oder schlecht. Und mit (Wohn-)Räumen verhält es sich ganz genauso.

Reinigen

Fünf

Die Kraft des Visualisierens

Nachdem ich dir im vorhergehenden Teil des Buches Möglichkeiten gezeigt habe, deine Wohnung mithilfe der Himmelsrichtungen und den mit ihnen jeweils verbundenen Grundelementen der Natur energetisch zu harmonisieren, soll es jetzt darum gehen, wie du diese auch nutzen kannst, um deinen persönlichen Lebensraum zu reinigen.

Doch ganz unabhängig davon, welche der Methoden, die ich vorschlagen werde, dir letztlich am meisten zusagen, eine gibt es, mit der du alle deine Bemühungen wirksam verstärken kannst, und das ist die Visualisierung.

Wobei der Begriff »Visualisierung« (wörtlich: Sichtbarmachen) oft für Missverständnisse sorgt, denn es geht dabei nicht allein um das *bildliche* Vorstellungsvermögen.

Aus Erfahrung mit den vielen Menschen, die ich in meinen Kursen schon begleiten durfte, weiß ich, dass Visualisierung etwas sehr Individuelles ist. Manche sehen die Dinge tatsächlich vor ihrem inneren Auge, wie einen Film oder als in mehr oder weniger lockerer Folge auftretende starke Bilder. Andere riechen, hören oder fühlen das, was sie »visualisieren«, eher. Aber egal, mit welcher Modalität: Wann immer man etwas sinnlich wahrnimmt, weiß man, dass man es richtig macht.

Also bloß keine zwanghafte Fixierung auf das innere *Sehen*. Setz dich nicht, wie leider viele es tun, allzu stark unter Druck, nur weil du meinst, beim Visualisieren unbedingt mit einem Film oder anderen optischen Eindrücken aufwarten zu müssen. Die Menschen sind da, wie gesagt, ganz unterschiedlich veranlagt. Und die Flut äußerer Bilder, die alltäglich auf uns einstürmen, macht das Aufsteigen der inneren auch nicht gerade leichter.

Wer immer wieder Probleme mit dem Visualisieren hat, sollte daher bewusst versuchen, auf unnötige äußere Eindrücke zu verzichten (zum Beispiel auf das abendliche Fernsehen, wenn einen das Programm nicht wirklich interessiert). Die Wirkung dieses Bilder-»Entzugs« lässt meist nicht lange auf sich warten. Schließlich wissen die Buddhisten schon, warum sie sagen: Bewache deinen Geist wie eine Burg.

Man kann das Visualisieren gut mit dem Lesen vergleichen: Wer einen Roman liest, nimmt Geschichte, Atmosphäre und Handlung nicht nur intellektuell wahr, sondern unwillkürlich auch mit allen seinen Sinnen. Ganz ähnlich ist es mit dem Visualisieren; es handelt sich dabei nicht um eine höhere Gabe, die nur Auserwählten vorbehalten ist. Visualisieren kann jeder, der ein bisschen übt und sich innerlich darauf einlässt. Als uns in der Kindheit Märchen vorgelesen wurden, waren wir alle noch Meister darin, wahrscheinlich in erster Linie, weil wir uns dabei nicht unter irgendeinen Druck gesetzt haben.

Die Wohnung mit Licht abduschen

Die meisten Visualisierungen zum Zwecke der Reinigung arbeiten mit weißem, angenehmem Licht, das mithilfe der Vorstellungskraft zum Fließen gebracht wird. So kannst du deine ganze Wohnung in das Licht einhüllen oder über bestimmte Zimmer eine weiße Schutzglocke legen.

Um die Räume rundum zu säubern, hat es sich als sehr hilfreich erwiesen, wenn man das Licht die Wände entlangfließen lässt. (Decke und Fußboden dabei nicht vergessen!)

Diese Arbeit lässt sich wunderbar mit den anderen Methoden der spirituellen Reinigung kombinieren: So kannst du zum Beispiel die Wohnung, während du sie ausräucherst, zugleich mit einem Schutzfilm aus Licht überziehen.

Bewahr dir deine Skepsis

Aber was soll das bringen, wendest du jetzt vielleicht ein – schließlich stelle ich mir das alles doch nur vor? Probier es am besten einfach aus. Du solltest nie etwas glauben, nur weil es sich gut anhört, auch mir nicht, oder dich irgendwelchen Behauptungen ungeprüft anschließen. Glauben ist das eine, eigene Erfahrungen sind das andere … und auf Dauer viel entscheidender.

Um dich von der Kraft der Visualisierung zu überzeugen, kannst du deine Wohnung drei Tage in Folge mit Licht behandeln (zum Beispiel, indem du die Wände ausgehend von der Eingangstür im Uhrzeigersinn damit auskleidest). Spüre dann in dich hinein, ob du eine Veränderung bemerkst. Achte auch darauf, ob Besucher oder Mitwohnende von sich aus etwas sagen, was auf eine verbesserte Atmosphäre hinweist. Probiere es also in einem ernst gemeinten Versuch aus und schau, ob dich das Ergebnis überzeugt.

Visualisierungen sind übrigens auch ein gutes Hilfsmittel, wenn du unterwegs bist und kein anderes Handwerkszeug zur Verfügung hast oder es nicht anwenden kannst (im Hotel zu räuchern, dürfte zum Beispiel etwas schwierig werden).

In jedem Raum, gleich welcher Art, in dem du dich aufhältst und der dir aus irgendeinem Grund nicht stimmig vorkommt, kannst du mit weißem Licht arbeiten, ihn gründlich damit abwaschen und alles Negative daraus entfernen.

Deiner Fantasie sind da keine Grenzen gesetzt. Und es schadet auch nicht, wenn dir diese Art der magischen Arbeit Spaß macht. Denn wenn man etwas ernsthaft tut, heißt das noch lange nicht, dass es keine spielerische Note haben darf. Im Gegenteil: Es entkrampft die spirituelle Praxis auf wohltuende Weise und sorgt damit dafür, dass das, was man tut, auch wirkt – weil es nämlich echt ist und nicht bloß eine verkrampfte Nullachtfünfzehn-Übung.

Sechs

Reinigung mit den vier Elementen

Wie wir schon im vorhergehenden Teil des Buches gesehen haben, ist die Arbeit mit den Elementen sehr real, sehr handfest, und nicht nur eine schöne Theorie oder etwas rein Spirituelles. Gerade in der heutigen digitalisierten Zeit, in der immer mehr buchstäblich »un-greifbar« wird, sind die praktischen, handfesten Arbeiten in der Magie, zu denen auch das energetische Reinigen der Wohnung zählt, als heilsamer Ausgleich sehr wichtig.

Auch hier gilt natürlich wieder: Bleibe kritisch. Du musst die Vorschläge, die ich dir mache, nicht eins zu eins umsetzen. Fühl dich vollkommen frei, sie deinen Bedürfnissen und den jeweiligen Gegebenheiten in deiner Wohnung anzupassen.

Folge einfach deinem Instinkt; tu, was sich richtig und stimmig anfühlt oder dir spontan in den Sinn kommt. Der erste Gedanke ist nämlich – habe ich das schon gesagt? – meistens der richtige.

Und nun schauen wir uns die Elemente am besten noch einmal im Einzelnen an – diesmal vor allem im Hinblick auf ihre reinigenden Eigenschaften.

Element Luft

Das Element Luft, Träger von Wärme und Kälte, verbindet und schafft Austausch. Es transportiert neben Düften und Gerüchen auch Klänge, Musik und Worte und wird daher nicht von ungefähr dem Bereich der Kommunikation zugeordnet. Manchmal nimmt die Luft auch die anderen Elemente mit auf ihre Reise: So bewegt sie die Erde (Staub, fliegende Samen, Blätter und vieles mehr, im Falle eines Wirbelsturms trägt sie sogar ganze Häuser davon), sie nährt das Feuer (das ohne sie nicht brennen könnte) und verweht das Wasser in Form von Nebel und Wolken.

In der spirituellen Arbeit kannst du das Element Luft aktivieren und bestärken, indem du Räuchermischungen oder -stäbchen entzündest; auch gut geeignet sind zu diesem Zweck Duftlampen und -sprays sowie Potpourris und Duftsteine.

Die guten Geister der Luft erfreuen sich zudem an Windspielen und Federn, und auch mit Musik kannst du sie locken. Denn sie lieben den Klang von Trommeln, Rasseln, Klappern und mögen es sehr, wenn du einfach klatschst und singst (ein Gesangstalent musst du dafür nicht sein). Derart fröhlich gestimmt, leiten sie deine Botschaften und Anliegen gern nach »oben« weiter.

Auch wenn sich die wenigsten darüber im Klaren sind: Ein Ritual für die Luftgeister ist es bereits, wenn man abends nach dem Nachhausekommen als Erstes Musik anstellt, um sich zu erholen und »runterzukommen«, oder tagsüber seinen Lieblingsduft nachsprüht. Vordergründig tut man sich damit nur selbst etwas Gutes, aber als Trägermedium sowohl von Melodien als auch Aromen bekommt die Luft natürlich auch ihren Teil davon ab.

Element Feuer

Das Element Feuer gibt Energie, ist von durchschlagender Reinigungskraft (man denke nur an die traditionellen Osterfeuer und ähnliche Traditionen, die der Austreibung der negativen Energien des Winters dienen), bringt Licht in Situationen und erhellt an kalten Tagen die Stimmung. (Warum sonst sollten Drogeriemärkte und Dekoshops pünktlich zu Herbstbeginn mit einem großen Kerzensortiment bestückt werden?)

Da das Feuer aber so voller Energie ist, muss es bewusst eingesetzt werden; anderenfalls drohen verbrannte Finger oder überschießende Reaktionen wie ein Burn-out im weitesten Sinne des Wortes. In der reinigenden Arbeit mit diesem Element kommen vorwiegend Kerzen zum Einsatz. In meinem Buch *Kerzenmagie* habe ich schon ausführlich darüber geschrieben und möchte mich an dieser Stelle nicht wiederholen. Deshalb hier nur so viel: Mit weißen Kerzen liegt man eigentlich nie falsch, und auch rote sind eine gute Wahl (insbesondere, wenn es gilt, etwas zu aktivieren oder zu beschützen).

Eine Alternative zu »normalen« Kerzen sind (in Drogeriemärkten oder Versandhandel angebotene) Schwimmlichter, die mit gewöhnlichem Speiseöl verwendet werden, das du nach Belieben mit ätherischen Ölen, getrockneten Kräutern und kleinen Symbolen anreichern kannst, um deine Rituale genau auf das Ziel abzustimmen, das du damit verfolgst.

Der Vielfalt von Kerzenritualen sind – abgesehen von den selbstverständlichen Vorsichtsmaßnahmen im Umgang mit Feuer – kaum Grenzen gesetzt. Du kannst zum Beispiel mit einer angezündeten Kerze Raum für Raum durch die Wohnung gehen und ihre Flamme alles Negative in sich aufnehmen und verbrennen lassen. Das hört sich für manche vielleicht zu simpel an, aber Leute, die so denken, haben es in der Regel gar nicht ausprobiert und pflegen nur ihre Vorurteile. Hier gilt wieder einmal: nicht bloß lesen, *machen!*

Ein alter Zauber besteht darin, in jedes Fenster und vor jede Tür der Wohnung eine Kerze (gern auch ein Teelicht) zu stellen und eine Weile dort brennen zu lassen. Behalte dabei aber immer die Flamme im Auge, achte gut auf Gardinen, Vorhänge und andere leicht entzündliche Dinge.

Die Wirkung dieser einfachen Kerzenrituale ist immer wieder erstaunlich. Und es zeigt sich auch hierbei, wie so oft in der Magie: Was man tut, braucht äußerlich nichts groß herzumachen – es muss nur das Richtige sein.

Element Wasser

Das Element Wasser ist, ähnlich wie die Luft, ein verbindendes Element, das Schwingungen aufnimmt und sich seinen Weg sucht. Doch anders als die Luft geht es dabei gern in die Tiefe und wird deshalb in Form des »Wasserlesens« auch in verschiedenen Kulturen der Welt zum Orakeln verwendet.

Um einen Raum spirituell sauber zu halten, sind mit Wasser gefüllte Gläser oder Schälchen eine gute Idee. (Wer mag, kann sich auch einen Zimmerbrunnen anschaffen; vom spirituellen Standpunkt aus aber ist das nicht nötig, ein einfacher Behälter mit Wasser erzielt genau dieselbe Wirkung.) Die Flüssigkeit wird jeweils ausgetauscht, sobald sie sich eintrübt.

Als Zeichen einer geglückten Kommunikation mit den guten Geistern gilt es, wenn sich im Inneren des Glases deutlich erkennbare Luftperlen zeigen. Treten diese vor allem im unteren

Teil des Glases auf, ist es ein Hinweis auf Erd- und Ahnengeister, befinden sie sich vor allem im oberen Bereich, sind es die himmlischen Kräfte, zu denen die Verbindung geglückt ist.

Wer mag, kann dem Wasser auch noch ätherische Öle hinzufügen (natürlich außer Reichweite von Haustieren oder kleinen Kindern).

Grundsätzlich ist übrigens auch das ganz normale Putzen (ohne chemische Keule) eine Form der Reinigung mithilfe des Elements Wasser, denn auch hier gilt wieder: Grau ist alle Theorie und die spirituelle Arbeit mit den Grundkräften der Natur zugleich immer etwas sehr Konkretes! (Darüber, wie man das Putzwasser mit traditionellen Mitteln magisch aufladen kann, spreche ich später noch ausführlich.)

Element Erde

Das Element Erde hält und trägt uns; es verleiht den Dingen eine greifbare Form. In der Wohnung spielt es daher immer eine wichtige Rolle, selbst wenn man im 20. Stock wohnt. (Ich zumindest habe noch kein frei schwebendes Haus gesehen, letztendlich stehen sie alle auf der Erde.)

Eine besonders schöne Form, mit diesem Element zu arbeiten, sind Zimmerpflanzen. (Den bedeutendsten grünen Beschützern des Zuhauses widme ich mich im Kapitel 16.)

Im wahrsten Sinne des Wortes »erdend« wirken können auch Steine. Und zwar nicht nur gekaufte, edle Exemplare. Was ihre Ausstrahlung und Energie betrifft, stehen ganz normale Feld-, Wald- und Wiesensteine ihrer kostspieligeren Verwandtschaft in nichts nach, ganz im Gegenteil.

Sieben

Das Basisprogramm für den magischen Hausputz

Du hast in diesem Buch bisher schon von vielen Möglichkeiten erfahren, deine Wohnung energetisch zu reinigen beziehungsweise sauber zu halten. Und es liegen noch so einige Seiten vor dir. Deshalb fragst du dich an dieser Stelle vielleicht: Wo fang ich denn jetzt am besten an? Was ist unverzichtbar, und was kann ich mir für besondere Situationen aufheben oder später mal ausprobieren?

Deshalb habe ich dir für den Start ein Basisprogramm zusammengestellt, das sich sehr bewährt hat. Du kannst es Raum für Raum anwenden oder in der gesamten Wohnung, wie du es gerade für erforderlich hältst.

Aufräumen und ausmisten

Für den Anfang reicht es erst einmal, wenn in deiner Wohnung das ärgste Chaos beseitigt und eine grundlegende Ordnung wiederhergestellt wird, in die Details kannst du später noch gehen. Ersparen solltest du dir diesen Schritt jedoch auf keinen

Fall, denn auch die beste Reinigungsanwendung kann sich nicht voll entfalten, solange in den Räumen alles vollkommen durcheinander ist.

Wobei es hier nicht darum geht, einzelne Zimmer oder die Wohnung als ganze so steril aufzuräumen, dass nichts mehr auf Leben darin hindeutet (wie man es in manchen Werbespots im Fernsehen sieht), das muss auch gesagt werden. Es geht einfach nur um eine solide Grundordnung zum Wohlfühlen.

Herstellung des magischen Putzwassers

Je nach Vorliebe und/oder den Rezepten, die ich dir im nächsten Kapitel vorstelle, bereitest du nun dein Putzwasser zu, sei es mit Kräutertee, ätherischen Ölen oder frischen Pflanzen, die du in Wasser zerrieben und abgeseiht hast. Wenn du dir unsicher bist oder dich erst einmal selbst davon überzeugen möchtest, dass diese Anreicherung des Leitungswassers wirklich etwas bewirkt, verwende Lemongrass, Minze oder Lavendel, mit denen man nie verkehrt liegt.

Dann wischst du vielleicht noch ganz normal Staub, bevor du die Oberflächen deiner Möbel und so weiter mit dem Putzwasser reinigst. (Man putzt immer von oben nach unten, aber das weißt du bestimmt, oder?)

Ausgüsse und Toilette

Anschließend gibst du in jeden Ausguss der Wohnung sowie in die Toilette einen Esslöffel Salz und lässt es Pi mal Daumen zehn Minuten einwirken beziehungsweise so lange, bis es bei der nächsten Benutzung einfach weggespült wird.

Wischen

Nun ist der Boden dran. Wisch ihn wie alles andere auch mit einem selbst gemachten magischen Putzwasser deiner Wahl.

Wer Teppichboden hat, kann hilfsweise getrocknete Kräuter oder Blüten darauf verstreuen und sie nach einigen Minuten aufsaugen. Minze, Lemongrass oder Lavendelblüten sind hierfür ebenfalls wieder ideal geeignet.

Die Luft reinigen

Sobald der Boden getrocknet ist, kommt die feinstoffliche Reinigung dran. Das heißt: Du räucherst die Wohnung gut durch.

Anregungen dafür findest du in diesem Buch viele. Aber ich will niemandem etwas vorschreiben, denn alles, was mit der Nase zu tun hat, ist ja auch eine Sache des persönlichen Geschmacks.

Wenn du unsicher bist, empfehle ich dir für den Anfang Weihrauchharz, Alantwurzel oder Benzoe – alles üppige, sanfte und bestärkende Düfte, mit denen du nichts falsch machen kannst.

Wer nicht räuchern möchte, kann stattdessen ein Duftspray verwenden. Für den Anfang ist destilliertes Wasser mit etwas Minzöl sehr zu empfehlen. (Für eine fröhliche Stimmung kannst du gerne auch noch etwas Orangen- oder Mandarinenöl hinzugeben.)

Anschließend wird die Wohnung noch einmal gut durchgelüftet und deine Reinigung ist perfekt.

Solltest du das Bedürfnis nach mehr Schutz haben …

… kannst du in jede Ecke deiner Wohnung über Nacht ein kleines Schälchen oder eine Untertasse mit Kampferharz stellen (alternativ: kampferhaltigen Franzbranntwein) und sie über Nacht dort belassen.

Voilà: Anschließend wirst du die Energie in deiner Wohnung nicht wiedererkennen!

Das kannst du dir nicht vorstellen?

Überzeug dich selbst davon. Papier ist bekanntlich geduldig. Und ich kann dir viel erzählen …

Also probierte es am besten direkt selber aus. Und lass dich nicht davon irritieren, dass der magische Hausputz so ganz ohne großes spirituelles Tamtam daherkommt. Magie sollte, finde ich jedenfalls, immer auch sehr lebenspraktisch sein, handfest, bodenständig und wirksam, so wie sie in den meisten Ländern der Welt praktiziert wird, in denen sie noch etwas ganz Alltägliches ist. Schwergewichtige Worte und Gesten mögen an der einen oder anderen Stelle ihre Berechtigung haben – bei der energetischen Reinigung deiner Wohnung aber stellen sie in den meisten Fällen eine eher zu vernachlässigende Größe dar. Und wer sagt denn, dass immer alles kompliziert und aufwendig sein muss? Magie kann so einfach sein.

Acht

Mit allen Wassern gewaschen

Als ich vor einigen Jahren in einem esoterischen Laden ausgeholfen habe, gab es dort auch sogenannte Floorwashes im Angebot, also magische Bodenputzmittel. Das waren aber waschechte Ladenhüter. Die Leute konnten einfach nichts damit anfangen. Und wenn man ihnen erklärt hat, worum es dabei geht, wanderte das erstaunt in die Hand genommene Fläschchen zuverlässig jedes Mal ins Regal zurück.

Mittlerweile hat sich in dieser Hinsicht einiges verändert, grundsätzlich aber verbinden die meisten mit »echter« Magie immer noch vor allem Kerzen und Räucherwerk in einem zeremoniellen Rahmen mit einer gewissen erhabenen Feierlichkeit.

Dagegen ist auch nicht das Geringste einzuwenden, ganz im Gegenteil. Doch bekanntlich führen viele Wege nach Rom. Und nur weil eine Form des spirituellen Arbeitens besonders lebenspraktisch ist, muss sie noch lange nicht von minderem Wert oder gar unwirksam sein.

Und für reines Wasser mit gewissen Zusätzen gilt das ganz bestimmt.

Den Boden bereiten

Das Erste, worüber ich in diesem Kapitel sprechen werde, sind also die bereits erwähnten magischen Bodenputzmittel. Wobei diese keineswegs nur für die Böden der Wohnung genutzt werden können, sondern auch, um damit die Oberflächen der Möbel und anderen Einrichtungsgegenständen feucht abzuwischen (sofern es sich nicht um besonders empfindliche Materialien handelt).

Statt eines der fertig gekauften beziehungsweise selbst zubereiteten Putzmittel, von denen gleich die Rede sein wird, kannst du, wenn du mal keines im Haus hast, auch ein paar Tropfen ätherisches Öl ins Wischwasser geben. Mit Rosmarin, Zitrusaromen oder Lavendel liegst du eigentlich immer richtig. Wichtig ist nur, dass du bei dir zu Hause nie die chemische Keule schwingst, denn die ganzen scharfen Reiniger aus der Retorte vertragen sich einfach nicht mit Magie. Und nötig sind sie auch nicht, nicht einmal für die »normale« Reinigung der Wohnung.

Im Grunde ist es ja ein Witz: Generationen von Hausfrauen ist es gelungen, ihren Haushalt nur mittels Wasser, Kernseife und gelegentlich einem Spritzer einfachem Essig sauber zu halten. Aber dann kamen die Chemiekonzerne mit ihren Allzweck- oder Spezialwaffen … und jetzt feiern wir es schon beinahe als Fortschritt, dass es wieder Reinigungsmittel mit biologischen Inhaltsstoffen gibt. Und dafür greift man dann auch gern mal etwas tiefer in die Tasche. Verrückt, oder?

Chinese Wash

Dieser Haushaltsallrounder hat einen legendären Ruf (auch wenn Chinese Wash hierzulande nicht ganz so bekannt ist wie etwa in den Vereinigten Staaten), und praktischerweise kann man es ganz einfach selbst herstellen:

Du brauchst dafür einen ökologischen Allzweckreiniger ohne Duftstoffe, wie sie für Allergiker empfohlen werden. Gib ein paar Tropfen ätherisches Lemongrassöl, Palmarosaöl und Citronellaöl dazu und schüttle alles gründlich durch. (Wenn du nicht jedes der genannten Öle im Haus hast, kannst du dich gern auch auf ein oder zwei beschränken.)

Die Dosierung solltest du so wählen, dass der Reiniger schön frisch riecht; er muss einen vom Duft her aber nicht gleich umhauen. Hier ist weniger durchaus mehr.

Traditionell enthält Chinese Wash zusätzlich noch etwas von dem Material, aus dem die Besen früher waren (und idealerweise auch heute noch sind; an Kunststoff ist hierbei nicht gedacht), um seine spirituelle Reinigungswirkung – die Befreiung der Wohnung von allem Negativen – noch zu verstärken.

Du kannst zu diesem Zweck ein paar saubere Borsten deines Besens abschneiden oder auch kleine Ginster- beziehungsweise Birkenstückchen verwenden (denn in der Vergangenheit wurden aus diesen Pflanzen die Borsten vieler Besen hergestellt). Im Zweifelsfall würde ich zu ein paar kleinen Birkenzweigen tendieren.

Wohlbefinden und Lebensfreude mit Orange & Basilikum

Natürlich kann man für diesen energetischen Allzweckreiniger auch einfach ein paar Tropfen ätherisches (übersetzt: flüchtiges) Orangen- und Basilikumöl ins Wischwasser geben, aber vielschichtiger und besser geerdet wird die Mischung, wenn man mit Bestandteilen der eigentlichen Pflanzen arbeitet.

Besorge dir wie beim gerade vorgestellten Chinese Wash eine Flasche ökologischen Haushaltsreiniger, mild, neutral und unparfümiert. Schäle mit einem Messer oder besser noch: Sparschäler von einer ungespritzten Orange (auch Mandarinen und Co. sind möglich) die äußere Schale ab – aber unbedingt ohne das Weiße im Inneren.

Gib die Orangenschalen in den Reiniger und zwei bis drei Zweige frisches Basilikum dazu.

Schüttele den Reiniger immer mal wieder gut durch, wenn du an dem Behälter vorbeikommst, und nimm die Orangenschalen und Basilikumzweige nach etwa zwei Wochen heraus.

Der Reiniger ist nun einsatzbereit, um in deinem Haushalt für Schutz, Wohlbefinden und Lebensfreude zu sorgen.

Das Schöne an den beiden Zutaten ist: Während das Basilikum sowohl belebend wirkt als auch vor allem Negativen schützt und es abwehrt, fügt die Orange eine große Dosis Leichtigkeit und Fröhlichkeit hinzu. Und besser geht's doch kaum!

Eine Mischung für mehr Unterstützung

Dieses Bodenputzmittel, in dem Rosmarin und Iriswurzel die Hauptrollen spielen, unterstützt Frauen, die sich von ihrem Mann mehr Hilfe im Haushalt wünschen. Natürlich stimmt es, dass dazu Kommunikation der wichtigste Schlüssel ist, aber wahr ist auch, dass alte Rollenmuster erstaunlich zäh sind.

Mit allem, was Hänschen nicht gelernt hat, tut sich Hans bekanntlich schwer. Aber auch Frauen tragen ihr Scherflein dazu bei, indem sie lieber alles selbst machen, weil sie der irrigen Vorstellung anhängen, nur sie allein könnten es richtig perfekt und alles außer Perfektion wäre natürlich eine riesige Katastrophe. Mein je, in hundert Jahren bist du tot und keiner fragt danach, ob deine Fenster stets streifenfrei waren …

Wie dem auch sei, mit magischen Mitteln der gerechten Verteilung der Haushaltspflichten ein bisschen nachzuhelfen, kann bestimmt nicht schaden. Und dafür empfehlen sich eben Rosmarin und Iriswurzel.

Rosmarin hat neben vielem anderen traditionell auch den Ruf, Frauen Selbstbewusstsein sowie mehr Gelassenheit und Vertrauen in die eigene Kraft zu verleihen. Die Iriswurzel ihrerseits ist eine Liebeszutat – wobei sich diese Liebe auf Augenhöhe abspielt, also keine romantisch verklärte Zuckergussgeschichte ist. So schön die Romantik auch sein mag, der ganz normale Alltag muss eben auch laufen und an ihm scheitern deutlich mehr Paare als an Herzensangelegenheiten.

Diese Mischung kann auch zum Einsatz kommen, wenn die Frage der gerechten Verteilung der Haushaltspflichten bei euch zu einem Reizthema geworden ist, über das ihr schon gar nicht mehr normal reden könnt, ohne dass die Emotionen hochkochen.

Die Hausdrogerie der magischen Wässer

Die magischen Wässer, um die es in diesem Abschnitt gehen soll, stets im Haus zu haben ist immer gut. Selbstverständlich musst du dir aber nicht alle auf einmal anschaffen; vielmehr kannst du dir ganz nach Thema und Vorliebe die aussuchen, die deinen jeweiligen Bedürfnissen entsprechen.

Und wer besonderen Wert auf Sparsamkeit legt, kann sie mit destilliertem Wasser (erhältlich in jeder Drogerie sowie in den meisten Supermärkten) verdünnen und hat auf diese Weise umso länger davon.

Da man diese Wässer mit einer Sprayflasche in der Wohnung versprühen kann, um diese zu reinigen, sind sie auch eine ideale Alternative für Leute, die nicht räuchern möchten.

Man kann sie aber auch pur oder eben mit destilliertem Wasser verdünnt in kleinen Schälchen oder Gläsern in den Räumen verteilen. Achte dabei darauf, dass sie außerhalb der Reichweite von Haustieren oder kleinen Kindern stehen. Wenn du längere Zeit damit arbeiten möchtest, musst du die Flüssigkeit in den Gefäßen hin und wieder austauschen. Und zwar immer dann, wenn sie sich eintrübt.

Du kannst die magischen Wässer natürlich auch auf Duftsäckchen träufeln, einen Spritzer davon ins Putzwasser geben, ein wenig (mit normalem Wasser verdünnt) ins Weichspülerfach der Waschmaschine geben, sie unter die Flüssigseifen und Duschbäder im Bad (oder auch in den Seifenspender im Büro) mischen und vieles mehr. Da gibt es eigentlich nichts, was nicht möglich wäre.

Rosenwasser

Im Gegensatz zu Rosen*öl* ist Rosenwasser recht preisgünstig. Man bekommt es in der Apotheke und im Naturkosmetikbedarf sowie in einigen Kräutershops. Es ist für praktisch jede Situation geeignet – es sei denn, es wird besonders haarig, dann sollte man magisch härtere Geschütze auffahren.

Ansonsten aber ist Rosenwasser das Mittel der Wahl, mit dem du nie etwas falsch machen kannst. Es fördert die Harmonie und die Liebe in all ihren Facetten: also nicht nur in Paarbeziehungen, sondern auch zwischen Eltern und Kindern, zwischen Geschwistern und unter Freunden. Verstärkung erfährt aber auch die Liebe zu sich selbst sowie die innere Balance und Harmonie, die nach außen strahlt.

Rosenwasser zieht gute und wohlwollende Wesenheiten an, ganz egal, ob man sie nun als Geistwesen, Engel oder einfach als angenehme Atmosphäre in der Wohnung wahrnimmt.

Wenn du zum Beispiel für mehr Harmonie sorgen willst, wäre es eine gute Idee, eine Schale mit Rosenwasser auf deinen Hausaltar zu stellen.

Orangenblütenwasser

Wenn man speziell etwas für seine Liebesbeziehung tun will, ist Orangenblütenwasser zu empfehlen.

Paare, die auf mehr oder weniger beschränktem Raum zusammenleben, haben es erfahrungsgemäß nicht unbedingt leicht. Denn mag die Liebe auch noch so groß sein, es sind halt doch immer zwei *verschiedene* Menschen im Spiel. Und so kommt es beinahe unausweichlich zu Reibereien. Beim Glätten der Wogen und um für eine liebevolle Stimmung daheim zu sorgen, kann Orangenblütenwasser sehr wirksam sein.

Unabhängig vom häuslichen Bereich im eigentlichen Sinne ist es auch hilfreich, um auf andere Gedanken zu kommen, wenn man sich müde, abgeschlagen und deprimiert fühlt. Am besten wartet man in solchen Momenten gar nicht erst, bis die Stimmung vollends am Boden ist, sondern nutzt es schon bei den ersten Anzeichen schlechter Laune.

Orangenblütenwasser wirkt aber auch Wunder, wenn die Wohnung als solche verstimmt ist und wie von allen guten Geistern verlassen wirkt. Wer das schon einmal erlebt hat, weiß, wovon ich rede: Manchmal kommt man nach Hause und hat das seltsame Gefühl, die Wohnung wirke irgendwie leer – ohne dass sich auch nur das Geringste darin verändert hätte. Ist dies öfter als einmal der Fall, könnte es ein Hinweis darauf sein, dass die Wohnung ihr spirituelles Gleichgewicht verloren hat.

Oft denkt man dann zuerst an Möglichkeiten der Reinigung, um Negatives zu vertreiben. Manchmal aber erzielt man viel bessere und schnellere Ergebnisse, wenn man sanfte, süße Mittel wie eben Orangenblütenwasser zum Einsatz bringt, die die Geister fröhlich stimmen und die Wohnung neu beleben.

Franzbranntwein

Handelsüblicher Franzbranntwein ist nicht nur eine Wohltat für die Gelenke und hilft Kindern, die gerade einen schmerzhaften Wachstumsschub erleben, er ist auch magisch eine erstklassige Rezeptur, um mit den Widrigkeiten des Alltags fertigzuwerden.

Franzbranntwein enthält viele stark reinigende und schützende Inhaltsstoffe, wie etwa Extrakte von Kampfer, Tannennadeln, Minze und Zitrone.

Deshalb eignet er sich auch für schwierigere Fälle: Wenn zum Beispiel eine negative Energie in der Wohnung spürbar ist oder der Haussegen mal so richtig schief hängt. Natürlich kannst du auch mit Franzbranntwein arbeiten, wenn du umziehst und die Vormieter deiner neuen Wohnung nicht kennst. Sicher ist sicher – man weiß ja nie!

Was die genaue Verwendung betrifft, kannst du einen Spritzer Franzbranntwein ins Putzwasser geben oder kleine Wattebällchen damit tränken und sie auf einer Unterlage (damit der Alkohol und die ätherischen Öle keinen Schaden anrichten) in der Wohnung verteilen, vorzugsweise in den Ecken sowie an der Eingangstür und den Fenstern. Lass die Watte über Nacht liegen und wirf sie am folgenden Tag weg.

Bei einem besonders hartnäckigen Problem wiederholst du die Prozedur insgesamt dreimal, am besten an drei aufeinanderfolgenden Tagen, wobei du jeweils frische Wattebällchen mit Franzbranntwein durchfeuchtest und die benutzten allmorgendlich entsorgst.

Kölnischwasser

Das weltbekannte Kölnischwasser ist in jeder Drogerie erhältlich. Und obwohl ihm aus unerfindlichen Gründen das Image eines Alte-Tanten-Parfüms anhaftet, handelt es sich dabei um eine wunderbare Fertigkombination bester Zutaten – auch und gerade für magische Zwecke.

Die genaue Rezeptur ist natürlich geheim, man weiß aber, dass in diesem Duftensemble Zitrone, Bergamotte, Orange, Bitterorange, Rosmarin, Lavendel, Zeder und Grapefruit eine wichtige Rolle spielen.

Kölnischwasser wirkt reinigend, erfrischend und in dem Sinne »zusammenziehend«, dass es zerfaserte, unklare Energien bereinigt und für einen kühlen Kopf sorgt.

Für eine schnelle Reinigung der Wohnung – buchstäblich im Handumdrehen – verteilst du einfach in jedem deiner Räume die Menge zweier oder dreier Sprühstöße … und gleich sieht die Welt schon wieder ganz anders aus.

Melissengeist

Melissengeist ist etwas leichter und fröhlicher als Franzbranntwein. Und wenn du nach dem genauen Unterschied fragst: Zum Ausputzen schlechter Schwingungen eignen sich beide, aufgrund seiner hellen, munteren Energie hilft der Melissengeist jedoch zusätzlich dabei, die Stimmung in der Wohnung zu verbessern und die Atmosphäre mit einer gewissen Leichtigkeit zu versehen.

Melissengeist lässt sich ebenfalls nach der Wattebällchenmethode verwenden; doch wenn es darum geht, die Atmosphäre von angespannt und negativ in Richtung relaxt und lichtvoll zu verändern, kann man auch kleine Schälchen mit der Flüssigkeit an verschiedenen Stellen in der Wohnung aufstellen (besonders wichtig: der Hausaltar).

Selbstverständlich kann man ihn mit gutem Erfolg auch dem Putzwasser beigeben.

Was die auf der Packung mit ihren lateinischen Namen angegebenen Inhaltsstoffe betrifft, so sind unter anderem zu nennen: Alant, Kardamom, Engelwurz, Enzian, Ingwer, Melisse, Pomeranzen und Zimt.

Florida Wasser

Wie der Name vermuten lässt, stammt Florida Wasser ursprünglich aus dem Südosten der Vereinigten Staaten; es wird dort – und mittlerweile längst nicht mehr nur dort – von Menschen ganz unterschiedlicher spiritueller Orientierung verwendet. Vom Duft her ist es eine leichtere, blumigere Variante von Kölnischwasser, fruchtiger und deutlich weniger herb.

Man bekommt es in Esoterikshops zu kaufen, kann es aber auch selbst herstellen.

Dafür brauchst du 96-prozentigen Weingeist, den man in jeder Apotheke und im Naturkosmetikbedarf bekommt.

Gib etwa einen Fingerbreit getrocknete Iriswurzel in eine Flasche. Fülle sie zu drei Vierteln mit Weingeist und füge dann die folgenden ätherischen Öle hinzu: Bergamotte, Litsea Cubeba, Lavendel, Rosmarin, Rose und Neroli.

Die Betonung sollte auf den fruchtigen und blumigen Düften liegen, Lavendel und Rosmarin deshalb sparsam einsetzen. (Nicht nur Rosenöl, sondern auch Neroli sind recht kostspielig; durch Orangenöl und getrocknete Rosenblüten kannst du sie aber absolut gleichwertig ersetzen.)

Dosiere die ätherischen Öle behutsam und nach Gefühl. Florida Wasser ist eine sanfte Angelegenheit, das sollte einen vom Duft her nicht überwältigen. Sobald du das Gefühl hast, knapp über dem Optimum zu sein, fülle die Flasche mit dem restlichen Weingeist auf, das verdünnt es automatisch auf die richtige Stärke.

Ich gebe hier übrigens bewusst keine Anleitung nach dem Motto: »Man nehme …«, denn zum einen gibt es für Florida Wasser keine strikte Zutaten-und-Mengenliste. Wie bei so vielen magischen Essenzen hat auch in diesem Fall jeder sein eigenes Geheimrezept.

Zum zweiten finde ich es sehr wichtig, dass man der eigenen Nase vertraut, und bei Düften gibt es nun einmal keine Kompromisse, die kann man sich nicht schönreden. Beim besten Willen nicht!

Ich weiß von einigen, die magische Fertigprodukte verwendet oder sich beim Selbermischen exakt an ein bestimmtes Rezept gehalten haben. Und manchmal sagte ihnen das Ergebnis dann vom Duft her zu. Manchmal aber eben auch nicht.

Verwendet haben sie ihr Produkt dann natürlich meistens trotzdem – in der Regel mit enttäuschendem Ausgang.

Aber man kann mit der Nase nun einmal nicht diskutieren, da hilft alles nichts. Und was für dich nicht gut duftet, wird dir auch nicht helfen. Die einzige sinnvolle Ausnahme von dieser Regel sind streng riechende bannende Mischungen, die mit voller Absicht stinken.

Aber noch eine Anmerkung zum Florida Wasser beziehungsweise dem darin enthaltenen Weingeist: Du kannst ihn anstelle der oben genannten ätherischen Öle natürlich auch mit vielen anderen Aromen versetzen, um deine eigenen Hauswässerchen zu kreieren. (In *Die Magie der Hexen* habe ich die Wirkung der verschiedenen Düfte ausführlich beschrieben und würde dieses Buch zur weiterführenden Lektüre auch heute noch empfehlen.)

Weingeist kann bis zu einem gewissen Anteil auch Harze wie Kampfer oder Weihrauch lösen (die Flüssigkeit wird dann leicht klebrig), sodass du diese ebenfalls in deine Eigenschöpfungen einbeziehen kannst.

Florida Wasser kann mit den bereits genannten Methoden (Wattebällchen, in Schalen, auf Potpourris oder im Putzwasser) verwendet werden. Ganz traditionell gibt man es in ein Glas Wasser und rührt gut um. Die Flüssigkeit wird dann milchig weiß. Dieses Wasserglas lässt man dann an dem Ort stehen, dessen Energien man reinigen möchte. Sobald es nicht mehr frisch aussieht, erneuert man es.

Spirit Water

»Spirit Water« lässt sich gar nicht so leicht übersetzen, spielt der Name doch mit der Doppeldeutigkeit des englischen Wortes »spirit« in der Kombination mit Wasser. Kurz gesagt versteht man unter Spirit Water jedenfalls sowohl Sprit (Alkohol) mit Wasser als auch Wasser für die (guten) Geister.

Die Herstellung ist zum Glück einfacher als die Begriffserklärung: Man nimmt ein Glas Wasser und gibt einen kräftigen Schuss Hochprozentiges dazu. (Idealerweise Anisschnaps wie Ouzo oder Raki, aber auch ein einfacher Klarer sowie Gin sind eine gute Wahl.) Beim Hinzufügen des Alkohols trübt sich das Wasser leicht milchig ein.

Spirit Water ist eine Art Geisterfutter und für jede Form der positiven Energiearbeit geeignet, egal ob mit Geistwesen irgendeiner Art oder mit der Energie als solcher.

Natürlich kannst du zur Herstellung von Spirit Water anstelle irgendwelcher Spirituosen auch die in diesem Abschnitt bereits genannten Wässerchen verwenden, wie Franzbranntwein, Melissengeist, Kölnischwasser oder auch Florida Wasser.

Man stellt die Flüssigkeit in kleinen Schalen oder Gläsern beliebig in der Wohnung auf, vor allem natürlich auf den Hausaltar.

Wenn du Gläser verwenden möchtest, sind ungeschliffene die beste Wahl, einfaches farbloses klares Glas ohne Rillen oder irgendwelchen Schnickschnack. Die Form spielt keine Rolle, vom Saftglas bis zum Schnapsstamper ist alles möglich.

Neun

Wo Rauch ist …

Im Handel gibt es zahlreiche Räuchermischungen fertig zu kaufen. Und es spricht nichts dagegen, sie zu verwenden; auch ich zünde manchmal gern ein Räucherstäbchen an, wenn ich mir keine weiteren Umstände machen möchte.

Ein Wort jedoch zur Qualität. Beim Räucherwerk kannst du dich an der Faustregel orientieren: Du bekommst genau das, wofür du bezahlst.

Auch ich gebe bei gleicher Güte zweier Waren immer gern der preisgünstigeren den Vorzug. Aber genau darauf kommt es eben an: Woran erkenne ich die Qualität? In diesem Fall ist das nicht so einfach. Und deshalb gehe ich da lieber auf Nummer sicher und entscheide mich im Zweifelsfall für die etwas kostspieligere Variante. Schließlich geht der Rauch direkt in die Lunge – und die möchte ich nicht unnötig belasten.

Deshalb nutze ich zur Reinigung der Wohnung im Allgemeinen lieber selbst zusammengestellte Mischungen – da weiß ich genau, was drin ist. Dass sie zudem alles in allem preiswerter sind, ist ein angenehmer Nebeneffekt. Aber noch viel wichtiger: Die Rezepturen haben sich seit Langem bewährt.

In diesem Kapitel stelle ich dir einige Räuchermischungen vor, die du alle selbst herstellen kannst, angefangen beim reinigenden Basismix bis hin zur Besänftigung und Vertreibung negativer Energien (oder übelwollender Geister, wenn du diese Bezeichnung vorziehst). Weitere Rezepte findest du dann auch noch im nächsten Kapitel, in dem wir die wichtigsten Räume der Wohnung einzeln durchgehen.

Basismischung

Mische zu gleichen Teilen Salbei, zerkleinerte Kiefern- oder Tannenzweige (gut durchgetrocknet) und Zitronenschale. (Nimm dafür ungespritzte Früchte und einen Zestenschneider, Sparschäler oder eine Reibe, achte aber darauf, dass du die weiße Haut nicht mit erwischst. Danach muss die Schale nur noch gut trocknen.)

Diese Mischung kann zum gelegentlichen Mal-kurz-Durchräuchern verwendet werden, aber auch, wenn in der Wohnung irgendetwas aus dem Lot geraten ist. Sie hat also nicht nur allgemein reinigende Wirkung, sondern auch genug Power, um es mit Problemen aufzunehmen.

Übrigens: Salbei gehört zwar zu den meistverwendeten Räucherzutaten, aber nicht jeder mag seinen Duft. Sollte das bei dir auch so sein, kannst du ihn in dieser Mischung gleichwertig durch Rosmarin ersetzen.

Generell solltest du auch beim Räuchern nicht mit Aromen arbeiten, die dir nicht zusagen. (Abgesehen von bannenden Räuchermischungen, bei denen der abstoßende Geruch schon einen großen Teil der beabsichtigten Wirkung ausmacht.) Man kann nicht gegen die eigene Nase arbeiten – und warum sollte man auch? Die Natur bietet für jeden das Richtige, auch wenn man mitunter ein bisschen danach suchen muss.

Grundreinigung für die ganze Wohnung

Wenn du einmal besonders gründlich durchräuchern willst, verwendest du am besten reines Drachenblutharz mit einem Tropfen Honig. Geh mit der Räucherschale einmal durch die ganze Wohnung und lüfte danach gut durch.

Drachenblutharz ist vom Geruch her keine Offenbarung, das kann man nicht anders sagen, aber es putzt die gesamte Atmosphäre kräftig durch. Es ist nichts für jeden Tag, leistet aber sehr gute Dienste, wenn man mal wirklich klar Schiff machen will.

Königskerze bei Streit, Spannungen oder gedankenloser Lieblosigkeit daheim

Wenn es zu Hause oft kracht, muss man den Ursachen auf den Grund gehen, daran führt kein Weg vorbei. Trotzdem kann und sollte man sich auch von der energetischen Ebene her helfen lassen, das gibt oft den Anstoß für die gewünschten Veränderungen im »echten« Leben und ebnet den Weg zur Lösung des Problems.

Die »gedankenlose Lieblosigkeit« habe ich übrigens ganz bewusst mit in die Überschrift aufgenommen, denn sie richtet in der Regel viel mehr Schaden an als ein richtiger Krach. Leute, die sich streiten, sind immerhin noch intensiv aneinander interessiert (sonst würden sie sich diese Mühe nicht machen),

und nachdem sich die Spannungen entladen haben, können sie nach Lösungen suchen.

Wer jedoch nicht mehr streitet und sich damit abgefunden hat, dass es ist, wie es ist, hat ein Problem. Denn über kurz oder lang schleichen sich dann von selbst »Lösungen« ein. Sei es durch den Mann, der immer länger bei der Arbeit bleibt, weil er nicht nach Hause will, oder die Frau, die sich einen Lover zulegt, weil ihre Bedürfnisse den Lieben zu Hause völlig egal sind, solange sie nur funktioniert.

Vielleicht fragst du dich an dieser Stelle, was das noch mit Hausreinigung zu tun hat.

Jede Menge! Denn ich kann mich an dieser Stelle nur wiederholen: Das Zuhause und seine Bewohner befinden sich ständig in einer Interaktion, selbst wenn diese noch so unbewusst abläuft.

Und keine Interaktion ist je einseitig, das liegt in der Natur der Sache. Deshalb kann nicht nur die Wohnung ihre Bewohner runterziehen, sondern es geht auch umgekehrt. Und auf diese Weise entsteht oft eine richtige Abwärtsspirale, aus der es nur schwer ein Entkommen gibt.

Ein positiver Wohnraum stärkt einen, selbst wenn alles mal nicht so gut läuft. Stehen aber sowohl die Wohnung als auch ihre Bewohner unter einem negativen Vorzeichen, wird alles umso schlimmer. Daher ist es so wichtig, in schwierigen Phasen auch die Wohnung im Blick zu haben, denn es macht einen großen Unterschied, ob man sie als Kraftquelle empfindet oder nur als einen Ort ansieht, an dem halt die Möbel stehen.

Wenn es bei euch zu Hause also Probleme gibt, nimm die Königskerze als Basis deiner Räuchermischung, und misch sie halbe-halbe mit einem Kraut, das dem Inhalt eurer Streitigkeiten entspricht. Du kannst die Königskerze auch pur verwenden, allerdings wirkt sie dann nicht so gezielt.

Verwende

bei Problemen in der Liebe:
Königskerze + Rosenblüten / Orangenblüten / Iriswurzel

bei finanziellen Problemen:
Königskerze + Eichenrinde / Patchouli / Zimt

allgemein gegen negative Energien:
Königskerze + Johanniskraut / Alant / Kampfer

Negative Personen von der Wohnung fernhalten

Nimm zu gleichen Teilen Zedernholz, Lavendelblüten, Kalmuswurzel sowie Vetiverwurzel und verräuchere diese Mischung einmal im Monat in deiner Wohnung. (Wenn du nicht alle Zutaten zur Verfügung hast, ist bereits jede für sich genommen ein guter Anfang.)

Unverräuchert machen sich die Kräuter auch wunderbar in einem Säckchen hinter der Eingangstür oder unter der Fußmatte.

Wenn du, wovon ich mal ausgehe, in einem Haus wohnst (frei schwebende Wohnungen gibt es meines Wissens noch nicht), kannst du auch außen um es herum räuchern. Handelt es sich um ein Mietshaus und du möchtest nicht, dass die Nachbarn etwas von deinem Tun mitbekommen, wählst du am besten die ganz frühen Morgenstunden am Wochenende. Zu dieser Zeit dürfte kaum jemand wach sein.

Du kannst dich aber auch hinter ein offenes Fenster stellen und etwas Rauch herauswehen lassen, möglichst zu Zeiten, in denen die anderen Nachbarn nicht lüften und sich wundern, was denn da so riecht. (Die Erklärung »Mir ist etwas angebrannt« wird sie auf Dauer nicht zufriedenstellen.)

Geister beruhigen ... die sanfte Variante

Wenn ich von Geistern rede, meine ich damit natürlich nicht das Nachtgespenst mit dem Bettlaken. Geister sind mehr oder weniger personifizierte Energien. Man kann sie also auch gleich als Energie bezeichnen oder als Stimmung, die in der Luft liegt (allerdings kann diese »Stimmung« im Unterschied zur sonstigen Atmosphäre auch dazu führen, dass ständig Sachen herunterfallen und Geräte kaputtgehen).

Das folgende Rezept dient dazu, diese Geister in der Wohnung zu beruhigen. Man muss nicht immer gleich alles Störende bannen wollen. Oft reicht es völlig aus, wenn man etwas Ruhe hineinbringt und seinen energetischen Mitbewohnern durch die Blume (beziehungsweise Räucherpflanze) mitteilt, dass sie sich ein wenig zusammenreißen und besser benehmen sollen.

Manche Leute meinen, in Bezug auf die geistige Welt hätte man keinerlei Verhandlungsspielraum und es gäbe nur schwarz oder weiß: Alles sei entweder gut oder so negativ, dass man es bannen müsse. In der Praxis aber gibt es zwischen schwarz und weiß viele Nuancen, und mit Kanonen auf Spatzen zu schießen ist nicht nötig. Man kann mit Symbolen, Düften und Ritualen seinen Standpunkt kundtun und in den meisten Fällen wird die andere Seite darauf eingehen.

Hier nun aber das angekündigte Rezept für die Räuchermischung, die ich zur Beschwichtigung der Geister empfehle:

Mische zwei Teile zerstoßene Wacholderbeeren mit einem Teil Birkenrinde und einem Teil deines liebsten Räucherharzes (je nach Geschmack zum Beispiel Weihrauch, Benzoe, Myrrhe, Copal, Elemi oder was dir sonst gut gefällt). Verräuchere diese Mischung täglich, bis es spürbar ruhiger wird. Meist dauert das nicht lange, etwa ein bis drei Tage, und du hast wieder deinen Frieden.

Für härtere Fälle ... die Geister vertreiben

Wenn die Dinge nicht ganz so entspannt sind und man spürt, dass sich negative Energien eingeschlichen haben, warnt man die guten Geister der Wohnung in einer stillen Minute vor (sie will man schließlich nicht bannen) und räuchert danach kräftig mit einer Mischung aus je einem Teil Eukalyptus, Johanniskraut und Kampfer durch.

Es wird in diesem Fall in jeden Winkel der Wohnung hineingeräuchert – bei geschlossenen Fenstern. Man fängt bei der Eingangstür an und geht mit dem Uhrzeigersinn. Anschließend öffnet man die Fenster (wenn möglich auch die Türen) und lüftet mindestens zehn Minuten kräftig durch. Diese Anwendung muss nicht wiederholt werden, sie putzt einmal richtig durch und dann ist Ruhe.

Verräuchere etwas später am Tag einen sanften Duft, wie pures Weihrauchharz oder Sandelholz, auch ein Lieblingsräucherstäbchen kann dann zum Einsatz kommen. Das hat zwei Gründe: Zum einen lädst du damit die guten Geister ein, in die Wohnung zurückzukehren. Es ist also eine symbolische »Die Luft ist rein«-Geste, mit der du die positiven Energien willkommen heißt und begrüßt.

Zum anderen: Immer wenn du etwas Negatives magisch bannst, das heißt vertreibst, entsteht eine Lücke, und du tust gut daran, sie ganz bewusst mit einer positiven Energie zu füllen. So sorgst du dafür, dass sich nichts unkontrolliert einfach irgendwo einnistet und der Bann tatsächlich die gewünschte Wirkung hat, nämlich Ruhe und eine gute Stimmung.

Ganz ohne Rauch: eine gute Alternative

Um einen Raum oder die gesamte Wohnung zu reinigen, kann man auch prima mit ausgestreuten Kräutern arbeiten. Das ist die perfekte Option für Leute, die nicht gerne räuchern oder Beschwerden mit den Atemwegen haben.

Vermische zu diesem Zweck jeweils gleiche Mengen von Lavendelblüten, Sternanis sowie Gewürznelken und verstreue das Ganze großzügig über den Fußboden. Lass die Mischung mindestens eine Stunde einwirken. Anschließend fegst oder saugst du alles auf. Der Effekt dieser einfachen Methode ist oft bemerkenswert.

Übrigens: Solltest du Ameisen in der Wohnung haben, ist diese Mischung ebenfalls sehr hilfreich, sie vertreibt nämlich nicht nur Plagegeister auf der energetischen Ebene. Streue ein wenig davon auf die Wege der Ameisen und lass die Mischung zwei, drei Tage dort liegen, dann sollten die Tierchen vergrault sein – ganz ohne Chemie.

Zehn

Von Raum zu Raum

Grundsätzlich lassen sich die Reinigungsmethoden, die ich bisher vorgestellt habe, natürlich in allen Zimmern der Wohnung anwenden. Für einzelne Räume gibt es jedoch spezielle Anwendungen, mit denen man sie ergänzen kann. Und die möchte ich dir auch nicht vorenthalten.

Flur

Der Flur wird oft wie das Stiefkind der Wohnung behandelt, dabei ist er als erster Raum, den man betritt, doch von ziemlicher Bedeutung. Und in den magischen Traditionen spielt er deshalb auch eine entscheidende Rolle: Negatives sollte gleich hier, unmittelbar an der Eingangstür, abgewehrt werden, damit es sich im eigentlichen Wohnbereich gar nicht erst einnisten kann.

Schutzbilder oder -amulette neben der Eingangstür (manchmal sogar auf dem äußeren Türrahmen) sind daher weitverbreitet, und manch einer hat so etwas sogar selbst in der Nähe seiner Tür – ohne zu ahnen, dass es sich dabei um Schutzmagie handelt.

Die silberne Kugel

Früher kannte man ein wichtiges Hilfsmittel gegen den bösen Blick, aber auch gegen »Hexen« (im Sinne eines negativen Geistwesens) und alles Negative, das durch die Eingangstür hereinkommen konnte: eine silberfarbene Glaskugel. Sie wurde in der Mitte des Raumes – in unserem Fall: des Flures – angebracht und stellt im Grunde eine Form der Spiegelmagie dar: Alles Negative wird zurückgeworfen und damit abgewiesen. Und da die Kugel bekanntlich rund ist, entgeht ihr auch nicht die kleinste Stelle; man ist buchstäblich rundum geschützt.

Diesen Zauber kann man auch heute noch ganz einfach anwenden: Man nimmt einfach eine silberne Weihnachtskugel (die sich auch diskret in anderen Dekoobjekten verstecken lässt). Man könnte auch eine Minidiscokugel verwenden, wie man sie in vielen Dekogeschäften bekommt, aber aufgrund ihrer glatten Oberflächenstruktur sind Weihnachtskugeln doch noch etwas besser geeignet.

Palmarosa & Zedernholz

Für den Flur ist reinigender Palmarosaduft (das ätherische Öl eines tropischen Süßgrases) ideal. Ganz nach Gusto kannst du eine Duftlampe beziehungsweise ein Potpourri verwenden, oder aber das Öl, mit destilliertem Wasser verdünnt, mithilfe einer Sprühflasche dort verteilen.

Wenn du zusätzlich etwas dafür tun möchtest, dass kein ungebetener Besuch über deine Schwelle tritt, gib noch zwei, drei Tröpfchen Zedernholzöl dazu und träufele von diesem gegebenenfalls auch ein wenig auf die Schutzsymbole neben der Tür. Dort kannst du es auch einfach mit einem Wattestäbchen auftupfen, es muss wirklich nicht viel sein; hier geht es um die Substanz an sich und nicht um ihre Menge.

Der gute alte Zwiebelzopf

Sie schienen schon beinahe vergessen. Aber gerade in den schicken, modernen Supermärkten bekommt man heute wieder Zwiebelzöpfe zu kaufen, und zwar zu Dekorationszwecken in der Küche.

Das ist aber nur eine Verwendungsmöglichkeit, denn die Volksmagie kennt noch eine andere: Dort wird der Zwiebelzopf, mitunter noch um Knoblauchknollen oder Chilischoten ergänzt, zum Schutz aufgehängt – genau wie in manchen Regionen, je nach Tradition, auch reine Knoblauchzöpfe verwendet werden.

Idealerweise hängst du so einen Zopf in der Nähe der Eingangstür auf, aber das wird sich nicht immer machen lassen, ohne bei anderen Fragen aufzuwerfen. Daher kannst du ihn natürlich auch in der Küche aufhängen, da wird niemand komisch gucken, und du kannst Schutz und Dekoration aufs Feinste miteinander verbinden. Denn sieht so ein Zwiebel- oder Knoblauchzopf nicht herrlich nostalgisch aus? (Oder vintage, wenn dir dieses neudeutsche Wort besser gefällt.)

Küche

Die Küche ist ein ganz besonderer Ort, oft das heimliche Zentrum des gesamten Familienlebens. Sie steht bis heute für Gemütlichkeit und wenn sie groß genug ist, kennt fast jeder das Phänomen, dass bei Partys irgendwann immer alle dort landen.

In der Küche ist ganz normale Reinigung genauso wichtig wie die spirituelle (wenn sich das denn überhaupt so genau trennen lässt). Hier ein paar Anregungen und Vorschläge:

Zitrone & Lavendel

Um die Küche spirituell frisch und rein zu halten, sind Zitrone und Lavendel im Mix eine gute Wahl. (Wer es etwas süßer mag, kann anstelle der herb-sauren Zitrone auch Orangenöl verwenden.)

Nimm die ätherischen Öle der Pflanzen und gib ein paar Tropfen davon in destilliertes Wasser (das im Gegensatz zum Trinkwasser nicht mit der Zeit eintrübt). Am besten mischt man es gleich in einer Sprühflasche oder besser noch: einer Blumenspritze, denn die lässt sich besonders fein einstellen.

Nach dem Putzen sprühst du dann einmal ordentlich damit durch und die Küche ist energetisch wie neu.

Steine

Eine besonders schöne Methode, mit der Reinigungskraft des Elements Erde zu arbeiten, finde ich, sind Steine, die man in eine flache, kleine Schale mit Wasser legt, das allmählich verdunstet und ersetzt wird, sobald es sich eintrübt.

Hierbei sollte kein destilliertes Wasser verwendet werden, denn spirituell betrachtet ist es eine tote Flüssigkeit. Als Trägermittel für ätherische Öle, die man versprüht, kann man es nehmen, ansonsten aber ist ganz normales Wasser unbedingt vorzuziehen.

Für die Küche eignen sich besonders warme und erdige Steine, wie gelber oder roter Jaspis, Karneol oder auch selbst gefundene Steine, die eine besonders sanfte, anheimelnde Ausstrahlung haben. Durch das Verdunsten des Wassers liegt immer etwas von der Energie der Steine in der Luft.

Wer mag, kann zusätzlich einige Tropfen ätherisches Öl in die Schale geben. Dann sollte man aber gut aufpassen, dass sie für Haustiere oder kleine Kinder nicht erreichbar ist.

Wohnzimmer

Im Wohnzimmer wünscht man sich vor allem eine behagliche Stimmung, und aus spiritueller Sicht empfiehlt sich da ein Duftmix aus Orange und Basilikum. Wer die Wirkung noch verstärken möchte, gibt Vanille und/oder Benzoe hinzu, beide Düfte wirken umhüllend und besonders auch nach einem anstrengenden Tag entspannend.

Rosenweihrauch oder die Blütenblätter der Rose als Räucherwerk wirken ebenfalls relaxend und harmonisierend. Du kannst auch ein Rosen-Räucherstäbchen einer Sorte, die du magst, verwenden. Manchmal muss es einfach schnell gehen, und man hat weder Zeit für noch Lust auf viel Drumherum, sondern möchte einfach nur endlich mal zur Ruhe kommen.

Wenn du schwierige Gäste oder Gespräche daheim erwartest, sind Pfirsiche eine gute Wahl, um diese Energien zu neutralisieren. Am besten lässt man sie einfach offen in einer Schale liegen, man kann aber auch ihre Haut abschälen und trocknen (im Ofen bei etwa 40–50° oder auf der Heizung, es sollte bloß nicht tagelang dauern, damit sie nicht schimmeln) und anschließend verräuchern.

Zur energetisch positiven Aufladung gerade des Wohnzimmers sind natürlich Blumensträuße und Zimmerpflanzen bestens geeignet. Welche zu welchem Zweck besonders gut wirken erfährst du im dritten Teil des Buches.

Kinderzimmer

Im Kinderzimmer wird man wohl eher selten räuchern, daher bieten sich kleine Kräuterkissen oder -säckchen an, die man dort aufhängt. Ideal für diesen Job ist die Kamille. Wenn es ein bisschen mehr Schutz sein soll (zum Beispiel in Zeiten, in denen nachts gruselige Monster unter dem Bett lauern), ergänzt man sie am besten noch mit etwas Angelikawurzel (Engelwurz, siehe linke Abbildung).

Auch die Reinigung mit einer Klangschale oder einer hell tönenden Glocke bietet sich an und ist mitunter sogar vorzuziehen. Denn was Düfte und speziell Räucherwerk betrifft, sind Kinder noch viel sensibler, deshalb immer Vorsicht damit. Natürlich müssen die Kleinen gut geschützt sein – aber sanft.

Ein magisches Geheimrezept

Einen traditionellen Zauber gibt es, der Kinder vor Albträumen oder nächtlichen Ängsten schützt. Wie schon die Zutat – ein Kopfsalat – vermuten lässt, stammt er noch aus der alten, ländlichen Form der Magie, aber er wirkt auch in der Großstadt ganz hervorragend. Selbstverständlich ist bei ernsthaften oder länger andauernden Problemen ein Arzt oder Kindertherapeut hinzuzuziehen, aber das versteht sich eigentlich von selbst.

Für diesen Zauber brauchst du tatsächlich nur einen ganz normalen, grünen Salatkopf. Zupf ein paar Blätter davon ab und leg sie um das Bett des Kindes herum. Ein lockerer Kreis aus fünf bis sieben Blättern reicht völlig aus.

Kinder lieben solche Rituale, aber was noch wichtiger ist: Dieser alte, traditionelle Zauber wäre heute längst in Vergessenheit geraten, wenn er nichts helfen würde.

Und auch wenn er sich im ersten Moment ungewöhnlich anhört, was vergibt man sich schon dabei?

Die gebrauchten Salatblätter wandern morgens in den Biomüll, und man setzt die Behandlung nach Bedarf so lange fort, bis sich alles wieder beruhigt hat.

Arbeitszimmer

Fürs Arbeitszimmer empfehle ich Lavendel, Mandarine und Rosmarin als ätherische Öle, gemischt oder einzeln, wie es einem lieber ist.

Lavendel ist vor allem für seine entspannende Wirkung bekannt, daher verwundert sein Einsatz im Arbeitszimmer vielleicht ein wenig, aber das hat schon seinen Grund: Wenn es um die Arbeit geht, stehen die meisten eher unter zu viel als zu wenig Spannung. Und der Lavendel hilft dabei, vom Starkstrom in die geeignete Arbeitsspannung zu finden, in der man langfristig am effektivsten ist.

Arbeitsspitzen hat natürlich jeder mal, und meistens steckt man die auch ganz gut weg. Für Dauerstress aber ist der menschliche Körper nicht gemacht, und daher ist weniger oft der beste Weg, um mehr zu erreichen.

Die Mandarine ist die fröhliche, optimistische Kraft in diesem Trio. Sie hilft guten Mut zu bewahren und mit Freude an die Arbeit zu gehen.

Rosmarin wirkt belebend und fördert die Denkfähigkeit (ähnlich wie der Salbei, aber Salbei sollte man lieber als Tee trinken, das ätherische Öl enthält viel Thujon und ist daher nicht ganz ungefährlich). Wenn man viel lernen muss oder es mit komplizierten Zusammenhängen zu tun hat, wirkt Rosmarin wie eine Energiedusche für den Kopf. Eine dauerhafte Überlastung vermag er natürlich nicht auszugleichen, doch bei kniffeligen Aufgaben und wenn man schon ein wenig müde vom Tag ist, aber dringend noch etwas Energie braucht, kann er eine große Hilfe sein.

Schlafzimmer

Die berühmte Wasserschale

Ein echter Klassiker unter den Zaubern, in der einen oder anderen Form weltweit bekannt:

Von Brasilien bis Russland, von Deutschland bis in die USA – gegen Albträume, schlechte Schwingungen im Schlafzimmer oder unheimliche nächtliche Erfahrungen steht unter magisch Interessierten beinahe überall eine Schale mit Wasser unter dem Bett.

Dieser Zauber ist ausgesprochen wirkungsvoll und gleichzeitig äußerst simpel: Man nimmt einfach eine Schale Wasser, gibt eine Prise Salz hinein und stellt sie dann unters Bett. Ist dort kein Platz, stellt man sie ans Kopf- oder Fußende.

Morgens schüttet man die Schale aus und gibt sie abends mit frischem Wasser wieder an ihren alten Platz – wobei es in der Praxis kein Drama ist, wenn man sie mal vergisst und zwei, drei Tage unter dem Bett stehen lässt, bevor Wasser und Salz ausgetauscht werden.

Die Wasserschale kommt auch gerne bei Kindern zum Einsatz, die schlecht einschlafen können und abends nur schwer zur Ruhe finden, damit sie eine angenehme und gut behütete Nacht verbringen.

Von der Schlichtheit dieses Zaubers darf man sich nicht täuschen lassen.

Ich habe es immer wieder mit Leuten zu tun, die meinen, nur aufwendige oder komplizierte Dinge könnten zum Erfolg führen – und wenn ich ihnen dann etwas vorschlage, was in der Handhabung ganz einfach ist, fühlen sie sich nicht ernst genug genommen. Deshalb sage ich es an dieser Stelle noch einmal ganz ausdrücklich: In der Magie geht es nicht um Kompliziertheit und irgendwelchen Firlefanz, sondern immer nur um das Ergebnis. Die Wirkung.

Räuchern für die Liebe

Wenn mehr Leute den weisen Ratschlag »Keine Beziehungsdiskussionen nach neun Uhr abends« beherzigen würden, ginge es in vielen Nächten weit friedlicher zu. Dass man bei Konflikten oft gut beraten ist, erst einmal drüber zu schlafen, wussten sogar schon die alten russischen Volksmärchen, denn: »Der Morgen ist klüger als der Abend.«

Falls es in deinem Schlafzimmer aber doch einmal zu Verstimmungen und fruchtlosen Gesprächen gekommen sein sollte, die auch nachher noch in der Luft zu hängen scheinen, räuchere den Raum mit Zitronenmyrte (ohne irgendwelche weiteren Zusätze) aus und lass ihn anschließend gut durchlüften.

Wenn ihr gerade generell eine schwierige Zeit durchmacht, wiederhole diese Räucherung eine Woche lang täglich, und zwar von einem Freitag bis zum nächsten. (Am zweiten Freitag wird auch noch einmal geräuchert, dann ist die Behandlung beendet.)

Alternativen zur Räucherreinigung im Schlafzimmer

Nicht jeder mag Räucherungen, und mitunter reagiert auch ein Mitbewohner empfindlich darauf. Eine schöne Alternative ist dann die Duftlampe oder ein kleines Duftkissen. Ideal wäre eine Mischung aus Benzoe und Weihrauch, denn sie sorgt für Harmonie, Entspannung und Frieden im Schlafzimmer.

Aber das sind doch Harze, wendest du ein? Ganz richtig. Aber man bekommt sie auch in flüssiger Form, als ätherisches Öl für die Duftlampe.

Bei der Dosierung solltest du es jedoch nicht übertreiben. Nur ein Hauch von Aroma ist in Schlafräumen meistens viel angenehmer als eine dicke Duftwolke. Da kannst du also ruhig sparsam sein.

Die Gedanken des Tages loslassen

Wenn du abends nach der Arbeit heimkommst und partout nicht abschalten und zur Ruhe kommen kannst, nimm eine Schale aus Holz oder Ton und gibt einen Magnetit oder einen Magneten hinein. Hinzu gibst du Erde von einem Ort, den du aufgrund seiner ruhigen Ausstrahlung besonders gern magst. Nur nicht vom Friedhof. Das verbietet sich – aus verschiedenen Gründen.

Versuch diesen Zauber nicht mit irgendeinem schnellen Ersatz wie etwa Blumenerde aus der Tüte oder auch x-beliebiger Erde, die du einfach irgendwo aufsammelst, das bringt nichts. Sie muss schon von einem Ort stammen, der für dich Ruhe und Frieden symbolisiert, sei es nun der Schrebergarten deines Onkels, der Stadtpark oder der kleine Feldweg hinter eurem Haus.

Gib die Erde über den Magnetit und stell die Schale an einen hübschen Platz im Schlafzimmer, idealerweise aufs Nachttischchen in Höhe deines Kopfes.

Die Volksmagie kennt seit jeher viele Anwendungen und Rezepte gegen Albträume. Und das nicht von ungefähr. Denn auch wenn es »nur« Träume sind, wie das heute oft rationalisiert wird, können sie einen doch mitunter lange verfolgen – ganz abgesehen davon, dass sie uns der Kraft berauben, die wir im Schlaf doch eigentlich schöpfen sollten.

Übrigens sind Albträume nicht immer ein schlechtes Zeichen. Denn manchmal stellen sie sich genau dann ein, wenn man innerlich gerade wieder etwas stärker wird. In diesem Moment spürt die Seele, dass genügend positive Ressourcen vorhanden sind, um den Wust von negativem Ballast, der sich angesammelt hat, zu verarbeiten. Und genau das gestattet sie sich dann mitunter in Form eines Albtraums. Das ist also ein vielschichtiges Thema.

Eine Prise Magie kann trotzdem nicht schaden, wenn man wieder friedlich durchschlafen will. Hier ein paar Möglichkeiten:

Kampfer

Stell in allen Ecken deines Schlafzimmers kleine Schälchen mit Kampferharz auf und tausch den Inhalt nach einer Woche aus. Im Normalfall wird zwar schon nach sechs, sieben Tagen wieder Ruhe eingekehrt sein, die Behandlung zur Sicherheit eine Woche länger durchzuführen kann aber nicht schaden. Nur zum Dauerzustand sollte sie nicht werden.

Wer sich nicht extra Kampfer besorgen möchte (man bekommt ihn in jeder Apotheke sowie im Naturkosmetikbedarf und in Räuchershops), kann auch Franzbranntwein verwenden, der in der Regel eine ordentliche Portion Kampfer enthält – wovon man sich anhand der Inhaltsangaben auf dem Etikett überzeugen kann.

Befülle die Schälchen mit dem Franzbranntwein und vergewissere dich im Laufe der Woche immer mal wieder, dass er noch nicht zur Gänze verdunstet ist. Sollte dies der Fall sein, gießt du ein bisschen nach.

Alant, Angelikawurzel und Kamillenblüten

Gegen Albträume kannst du auch – vor dem Schlafengehen – räuchern, falls nichts dagegen spricht, und zwar am besten mit einer Mischung aus je einem Teil Alant, Angelikawurzel und Kamillenblüten. Nimm aber nicht zu viel und lüfte anschließend gut durch.

Wer zwar in den Genuss der Wirkung kommen möchte, aber aus irgendeinem Grund nicht räuchern möchte, kann die Zutaten dieser Mischung auch in ein weißes Säckchen geben, es mit einem roten Faden verschnüren und am Bett befestigen. Das Ergebnis wird zwar nicht ganz so durchschlagend sein beziehungsweise nicht so schnell eintreten wie bei der Räucherung, aber manchmal muss man eben einen Kompromiss eingehen.

Dieses Säckchen kann man natürlich auch wunderbar auf Reisen mitnehmen oder wenn man ins Krankenhaus muss, denn da schläft man ja auch nur selten wirklich gut und ein wenig Schutz durch segnende Kräuter kann nie schaden.

Was gar nicht geht …

Die Pflichten des Tages haben im Schlafzimmer nichts zu suchen. Deshalb noch eine Empfehlung für Leute, die ihren Schreibtisch im Schlafzimmer stehen haben:

Schafft ihn schleunigst raus und sucht irgendwo anders in der Wohnung einen Platz dafür.

Der Schreibtisch steht für Arbeit, und man kann sich noch so sehr einzureden versuchen, dass einen die Erinnerung an möglicherweise unangenehme Pflichten bei der abendlichen Entspannung und nächtlichen Erholung nicht stören würde … es stimmt einfach nicht. Probier es aus – stell den Schreibtisch in ein anderes Zimmer, und du wirst die wohltuende Wirkung dieser kleinen Maßnahme spüren. Bestimmt schon in der ersten Nacht.

In einer Ein-Raum-Wohnung muss man sich natürlich etwas einfallen lassen, aber du kannst mir glauben: Auch das geht. Und ich weiß, wovon ich rede, habe früher schließlich selbst einmal auf 16 Quadratmetern gewohnt.

Lass dir etwas einfallen. Und egal, wie du es hinkriegst, durch einen Paravent, einen Perlenvorhang oder undurchsichtige Stoffgardinen vielleicht: Schaff unbedingt eine klare Trennung zwischen Schlafbereich und Schreibtisch.

Noch ein kleiner Tipp

Um eine ruhige Nachtruhe zu gewährleisten, hat man früher gerne scharfe, gezackte oder spitze Gegenstände ins Schlüsselloch der Schlafzimmertür gesteckt, was sich für heutige Begriffe vielleicht etwas martialisch anhört.

Eine Variante dieses Brauchs könnte eine kleine Bommel sein, die von außen so an die Türklinke gehängt wird, dass sie direkt vor dem Schlüsselloch liegt – und allem Negativen den Zugang verweht.

Man mag über solche Traditionen unserer Vorfahren schmunzeln, aber wie sagt man doch so schön? Versuch macht kluch … Und wenn's hilft?

Badezimmer

Im Bad bieten sich Potpourris, Duftsäckchen und natürlich auch Duftsprays und Wasserschalen mit ätherischen Ölen an, um für Reinheit und eine gute Atmosphäre zu sorgen.

Die aus magischer Sicht idealen Düfte fürs Bad sind Rosmarin und Minze, gemischt oder einzeln, wie es einem lieber ist.

WC

Fürs WC gibt es im Drogeriemarkt zahlreiche Duftsprays, Duftaufsteller und dergleichen zu kaufen. Meist holt man sich damit allerdings jede Menge Chemie ins Haus und nimmt die Düfte binnen kurzer Zeit nicht einmal mehr wahr, weil die Nase gegenüber synthetischen Duftstoffen schnell abstumpft.

Einfacher, günstiger und vor allem auch noch spirituell wirksam ist Lemongrassöl, das man auf ein Potpourri gibt. Du musst dafür kein fertiges Potpourri kaufen, sondern kannst auch einfach verschiedene getrocknete Blüten locker miteinander vermischen und das ätherische Öl daraufgeben. Aber bitte nur ein paar Tropfen, denn je mehr ätherisches Öl man auf ein Potpourri gibt, desto weniger gut kann es verdunsten.

Ein Wort zu den Abflüssen in der Wohnung

In vielen asiatischen Ländern weiß man, dass der Toilettendeckel immer geschlossen sein muss, weil sonst das Glück abfließt oder Schlimmeres. Und auch hierzulande hat sich in manchen Gegenden noch ein Gefühl dafür gehalten, dass es mit den Abflüssen in der Wohnung (also neben dem WC zum Beispiel auch Spül- und Waschbecken, Badewanne, Dusche) etwas Besonderes auf sich hat.

In den Wohnungen mancher älterer Leute, die ich kenne, steckt im Bad oder in der Küche immer der Stöpsel im Abfluss, wenn er gerade nicht benutzt wird. Und auf die Frage, warum das denn so sei, hört man dann meistens: »Das macht man eben so ...«

Da gerade die Wassergeister seit jeher als durchaus ambivalente Wesenheiten betrachtet werden, ist dieses Phänomen einen zweiten Blick wert – zumal ihr Element ein ausgezeichnetes spirituelles Leitmedium darstellt:

Der meditative Blick in eine Schale mit Wasser kann Vergangenes wie Zukünftiges erhellen. Zudem ist Wasser auch ein kraftvolles Medium zur Kontaktaufnahme mit den Ahnen. (Wobei »Medium« hier wörtlich zu verstehen ist: als Mittler beziehungsweise übertragende Kraft, wie ein spirituelles Stromkabel.)

Geht man bewusst und absichtsvoll damit um, kann einem das Wasser – nicht allein körperlich – viel Gutes bringen. Es unterscheidet jedoch nicht, ob es eine harmonische oder eine störende Energie transportiert (was harmonisch oder störend ist, liegt ja eh im Auge des Betrachters).

Aber das frische Wasser aus dem Hahn ist auch nicht das Problem, sondern der Ausguss, in dem die Schmutzbrühe landet.

Um vorzubeugen und negative Energien gar nicht erst aufkommen zu lassen, empfiehlt es sich deshalb, einmal pro Woche in jeden Abfluss der Wohnung sowie in die Toilette einen Esslöffel Salz zu geben und vor dem Nachspülen ein Weilchen einwirken zu lassen.

Zusätzlich schadet es auch nicht, immer mal ein Glas Wasser mit ein paar Tropfen Rosmarin- und/oder Minzöl in die Ausgüsse zu geben.

Wer auf Nummer sicher gehen will oder den Eindruck hat, dass es bei ihm tatsächlich Probleme gibt, die von den Abflüssen herrühren, kann sich auch angewöhnen, sie mit dem Stöpsel zu verschließen, aber das ist im Allgemeinen wirklich nur erforderlich, wenn tatsächlich irgendetwas im Argen liegt.

Man muss es nicht übertreiben, und in den meisten Fällen reicht die wöchentliche Salzreinigung völlig aus. Aber wie gesagt: Falls sich (zum Beispiel auch beim Auspendeln) Probleme zeigen, die direkt von den Abflüssen ausgehen, sollte man das im Auge behalten.

Keller, Dachboden, Abstellräume

Hier geht es um die Parkdecks der Wohnung, in denen wir alles verstauen, was wir gerade nicht brauchen können. Wobei aus diesem »Gerade« oft Jahre werden. Es wird zwar immer darauf hingewiesen, wie wichtig es ist, diese Räume regelmäßig zu entrümpeln, aber mal ehrlich: Wer tut das schon?

Mit Duftmischungen macht man kein Chaos wett, sie ersparen auch nicht das Aufräumen. Aber wenn man sich dann doch mal ein Herz gefasst und ausgemistet hat, können sie dazu beitragen, die Ordnung zu bewahren.

Aufgrund ihres lang anhaltenden reinigenden Effekts haben sich hier vor allem Zitrone und die Aromen von Nadelbäumen (beispielsweise Kiefer, Tanne, Lärche) bewährt. Neben selbst gemachten Sprays sind vor allem Duftsäckchen eine gute Wahl, denn sie geben den Duft langsam und nachhaltig ab; auf diese Weise imprägnieren sie Keller, Dachboden & Co. für einen längeren Zeitraum mit positiven Schwingungen.

Elf

Tipps, Anwendungen und Rituale für besondere Situationen

Eine neue Wohnung? Glückwunsch!

Besuch deine neue Wohnung möglichst noch bevor sie eingeräumt wird, sobald du die Schlüssel hast, und putz sie magisch ordentlich durch.

Sollte das nicht gehen, weil du vielleicht in eine andere, weit entfernte Stadt ziehst und vorab nicht extra hinfahren kannst, holst du das spirituelle Großreinemachen sofort nach dem Einzug nach.

Neben Wischzeug (Eimer nicht vergessen!) brauchst du noch die Zutaten zu folgendem speziellen Putzmittelrezept:

Koche etwa einen bis anderthalb Liter Tee, dem du je einen gehäuften Teelöffel Basilikum, Ysop, Lemongrass, Angelikawurzel und Zimt beigibst. Lass das Ganze ziehen, bis die Flüssigkeit abgekühlt ist, seihe es ab und fülle alles zum Transport in eine leere Flasche um.

Verteile in der neuen Wohnung den Inhalt der Flasche auf dein Putz- und Wischwasser und putze einmal alles durch (besonders: Fensterbretter, eine eventuelle Einbauküche, das Bad und den gesamten Boden sowie die äußere Schwelle der Eingangstür).

Sollte Teppichboden in der Wohnung verlegt sein, kannst die genannten Zutaten (bis auf das Teewasser natürlich) pur auf dem Boden verstreuen und anschließend mit dem Staubsauger, an den du in diesem Fall hoffentlich auch gedacht hast, aufsaugen.

Magische Tipps zum Auszug

Für den Auszug gibt es ein paar alte Ratschläge, die auch heute noch nicht verkehrt sind: Der Tradition zufolge nimmt man seinen bisherigen Besen nicht mit in die neue Wohnung. Dies gilt aber nur für den normalen Haushaltshelfer. Die kleinen Zierbesen, die viele Hexen haben, sind von dieser Regel ausgenommen.

Wenn es vom Ablauf des Umzugs her möglich ist, sollte man die alte Wohnung, nachdem sie leer geräumt ist, mit Kampfer noch einmal gut durchräuchern (anschließend das Lüften nicht vergessen), um die energetische Verbundenheit mit ihr zu kappen.

Etwa drei Wochen vor dem Umzug kannst du die guten Geister um ihre Aufmerksamkeit bitten – zum Beispiel indem du spät abends oder nachts, wenn im Haus und in der Umgebung Ruhe herrscht und der »Funkkontakt« nicht gestört wird, eine Kerze entzündest – und ihnen erklären, dass du umziehen wirst und sie gerne mitkommen können, wenn sie mögen.

Bitte sie, dir binnen einer Woche eine Eingebung zukommen zu lassen (sei es im Traum, in sinnhaften Zufällen oder spontanen inneren Bildern), mit welchem »Reiseobjekt« (Umzugskiste, Schrank, Kommode oder dergleichen) sie gerne mitkommen möchten. Manchmal wählen sie auch einen Stein, eine Figur oder auch eine Zimmerpflanze und ähnliches, um in die neue Wohnung zu gelangen. Dann bleibt dir noch genügend Zeit, alles zu organisieren, und auch die Geistwesen wissen genau, wann es losgeht.

Normalerweise setzt man ihnen natürlich keine Frist, hier aber ist eine Ausnahme gestattet und auch sinnvoll, damit sich alle Beteiligten entsprechend vorbereiten können.

Ist der Zeitpunkt dann gekommen, nimmst du die guten Geister im gewünschten Gegenstand in die neue Wohnung mit.

Ideal wären natürlich die Nachtstunden jenseits der Hektik des eigentlichen Umzugs. Aber das kann man sich nicht immer aussuchen, vor allem wenn zwischen der alten und der neuen Wohnung eine große Entfernung liegt. Das künftige Zuhause sieht man ja mitunter nur bei der Besichtigung – und dann erst wieder, wenn der Umzugswagen eintrifft. Aber wenn es irgend möglich ist, solltest du es versuchen.

Spezielle Rituale

In den meisten Fällen kann man eine Wohnung allein mit Kräutermischungen, Wässern und Räucherungen sowie der bewussten Arbeit mit den Himmelsrichtungen ausgezeichnet in Balance halten. Mehr braucht es im Grunde nur selten. Magie muss weder groß noch offensichtlich sein, um beste Resultate zu zeitigen.

Manchmal gibt es aber auch Situationen, in denen man das Bedürfnis nach einem etwas größeren Ritual hat, weil sie nicht alltäglich oder besonders wichtig sind. Für solche Situationen beschreibe ich an dieser Stelle etwas förmlichere Rituale und Vorgehensweisen. Selbstverständlich kann man wie immer seine eigene Zeremonie daraus machen, Dinge weglassen, ergänzen oder verändern. Rituale sind etwas Lebendiges, und auch wenn eine gewisse Ernsthaftigkeit dabei wichtig ist, bleiben sie doch eine leere Hülle, wenn man sie nicht mit Leben füllt.

Nach einem heftigen Streit

Wenn es in der Wohnung eine heftige Auseinandersetzung gab, steht deren starke Energie anschließend oft wie eine unsichtbare Wand im Raum und wirkt auch dann noch nach, wenn der eigentliche Streit schon längst beigelegt ist.

Um die Wohnung wieder auf ein normales, angenehmes Energieniveau zu bekommen, besorge dir für dein Ritual die folgenden Zutaten:

- weiße Blumen (am besten Nelken, aber es geht auch jede andere Sorte; wenn du allerdings Rosen wählst, müssen alle Dornen entfernt werden)
- acht weiße Kerzen oder Teelichter
- Kokosraspeln
- ätherisches Lavendelöl oder Lavendelblüten
- einen Zettel mit den Namen aller am Streit beteiligten Personen (das umfasst auch Leute, die nicht dabei waren, in der Auseinandersetzung aber eine Rolle gespielt haben)

Für diesen Zauber musst du nicht, wie bei manchen anderen Ritualen üblich, bis zu einem bestimmten Wochentag warten;

mach ihn nach dem Streit am besten so bald wie möglich. Er ist auch gut geeignet, wenn nach einer Auseinandersetzung angespannte Funkstille herrscht und die Sache noch nicht richtig bereinigt ist.

Nimm einen großen weißen Kerzenteller (ein normaler Teller oder eine Platte gehen auch, nur weiß müssen sie sein) und leg den Zettel mit den Namen in die Mitte. Darauf stellst du die Vase mit den weißen Blumen. Reib die Kerzen oder Teelichter mit dem Lavendelöl beziehungsweise mit den Lavendelblüten ein (und leg im letzteren Fall noch ein, zwei Blüten auf jedes Teelicht, solltest du nicht mit Kerzen arbeiten). Stelle dann die Kerzen oder Teelichter im Kreis um die Vase mit den Blumen herum auf und umgib das Ganze mit einem weiteren Kreis aus Kokosraspeln, der den Zauber umschließt.

Dann kannst du anfangen, indem du die Kerzen anzündest und dich an eine geistige Kraft wendest, die dir wirklich nahesteht (dein Schutzengel, Gott, eine Göttin, Mutter Maria, ein Krafttier – aus welchem religiösen Umfeld dein Ansprechpartner kommt, spielt keine Rolle; wichtig ist nur, dass du dich bei ihr oder ihm geborgen fühlst). Berichte dieser geistigen Kraft wie einem außenstehenden Beobachter, was passiert ist und im Raum steht, versuch dabei aber nicht, sie auf deine Seite zu ziehen oder davon zu überzeugen, dass die anderen schuld sind, sondern beschränk dich auf die Fakten.

Bitte deine(n) Verbündete(n) sodann um eine gute und faire Idee zur Lösung der Angelegenheit. Auch hier gilt: Bleib vollkommen neutral, lass die geistige Welt die Lösung finden und häng dich da nicht rein. Bitte abschließend darum, dass die verbliebene negative Energie neutralisiert wird, und lass die Kerzen beziehungsweise Teelichter herunterbrennen.

Nach einem Todesfall in der Wohnung

Wenn ein Angehöriger daheim verstorben ist, haben die Hinterbliebenen aufgrund des ganzen Behörden- und Papierkram, den sie zu erledigen haben, oft erst später die nötige Ruhe, um wirklich zu trauern. Rituale können dann, vor allem wenn der Schmerz sehr tief ist, eine große Hilfe sein, weil sie auch ohne Worte ausdrücken, was man empfindet.

Für das folgende Ritual benötigst du:

- zerstoßene Wacholderbeeren
- Alantwurzel
- ein Räuchergefäß
- drei weiße Kerzen
- ein hölzernes Kreuz

Das Kreuz ist hier nicht als christliches Symbol zu verstehen, sondern als universelles Sinnbild eines Kreuzungspunktes im Leben, wie es eben auch der Abschied von einer geliebten Person ist. Da es aus Holz ist, verbindet es gleichzeitig mit dem universellen Symbol des Lebensbaumes, den man auf die ein oder andere Weise in so gut wie allen alten Mythen findet.

Du kannst dieses Ritual übrigens auch durchführen, wenn du den Toten gar nicht kanntest, wenn es sich zum Beispiel um den Vormieter deiner Wohnung handelt, der darin verstorben ist. Oder wenn du dich von jemandem verabschieden möchtest, zu dem du nur eine lockere Beziehung hattest, dessen Tod dich aber trotzdem berührt. In diesen Fällen wird das Ritual zwar nicht so persönlich ausfallen, bedeutungsvoll ist es aber trotzdem.

Während des gesamten Rituals sollte in jedem Fall ein Fenster geöffnet sein.

Der beste Zeitpunkt ist spät abends oder früh morgens, wenn es draußen relativ ruhig ist.

Stelle die drei Kerzen nebeneinander auf und lege oder stelle das Kreuz vor die mittlere. Solltest du kein Kreuz besitzen, such dir zwei Äste und binde sie entsprechend zusammen. (Aufgrund seiner Beziehung zum Lebensbaum ist ein Kreuz aus Holz allen anderen vorzuziehen.)

In der Schale entzündest du nun ein Räucherwerk aus Wacholder und Alantwurzel und sprichst alles, was du dem Toten sagen möchtest, in den Rauch hinein. Nimm dir dafür so viel Zeit, wie du brauchst.

Sobald alles gesagt ist, löschst du die Kerzen.

Solltest du später das Bedürfnis verspüren, dieses Ritual zu wiederholen, kannst du wieder mit ihnen arbeiten. Vielleicht ist das aber auch nicht der Fall und du hast bereits beim ersten Mal alles ausgesprochen, was dir auf dem Herzen lag. Dann kannst du noch eine Weile abwarten und die Kerzen anschließend in der Mitte durchbrechen und sie entsorgen. Falls die Kerzen nicht leicht brechen, kannst du sie auch mit einem Messer durchschneiden. Das Durchbrechen zeigt an, dass du wirklich losgelassen hast, und das ist wichtig.

Sollten die Kerzen während einer Wiederholung des Rituals herunterbrennen und verlöschen, kannst du, wenn du magst, mit neuen Kerzen von vorn beginnen. Gegebenenfalls so lange, wie du das Gefühl hast, dieses Ritual zu brauchen.

Energien aus kriegerischen Zeiten besänftigen

Hier in Mitteleuropa gab es viele Kriege, und damit meine ich nicht nur die beiden Weltkriege, sondern auch die vielen kämpferischen Auseinandersetzungen davor. Manche Orte sind von diesen Geschehnissen auch heute noch traumatisiert und brauchen heilende Arbeit. Diese kommt dem Ort an sich zugute, aber auch den Menschen, die dort wohnen.

Natürlich werden es zumeist die weniger lange zurückliegenden Kriege sein, deren Ereignisse noch besonders tief eingebrannt sind.

Versuche zuerst einmal, die Fakten zusammenzutragen: Was ist wann an deinem Wohnort geschehen, welche Dinge weiß man darüber noch? Erste Anhaltspunkte geben mitunter schon Plätze der Erinnerung oder lokale Gedenktage. Bei uns in Leipzig wird zum Beispiel bis heute der Völkerschlacht im Jahre 1813 gedacht; in vielen anderen Orten gibt es ähnliche Gedenkfeierlichkeiten für lokale Ereignisse. Auch wenn es heute kaum jemandem bewusst ist und manchmal eigenartige Blüten treibt, sind solche Gedenkfeiern und Erinnerungen auch eine Form der Energiearbeit, die helfen kann, diese fürchterlichen Ereignisse aufzuarbeiten.

Wenn du spürst, dass für deinen Ort solche Arbeit nötig ist, dann besorg dir die folgenden Zutaten:

- vier daselbst gefundene Steine, die dich zu diesem Zweck innerlich angesprochen haben
- fünf rote Grablichter
- Stadtplan oder Karte deines Wohnortes (gegebenenfalls der Grundriss, wenn du speziell für den Boden, auf dem dein Haus steht, arbeiten willst)

- getrocknete Holunderblüten
- Zweige von Holunder (aufgesammelt, nicht abgeschnitten), Stechpalme, Weißdorn oder Mistel

Dieses Ritual machst du am besten sonnabends, und zwar in der Abenddämmerung. Nimm die Karte als Unterlage und lege in jede der vier Himmelsrichtungen einen Stein und stelle daneben ein Grablicht. Die Steine liegen außen, die Grablichter stehen innen im Kreis davor. Das fünfte Grablicht stellst du in die Mitte. Lege die Zweige kreisförmig um die Kerzen herum und streue anschließend innerhalb dieses Kreises die getrockneten Holunderblüten aus.

Widme den Kreis dann den Verstorbenen der Kriege, die an diesem Ort geführt wurden. Bitte darum, dass sie ihren Weg ins Licht finden und der Ort von den Schrecken des Krieges befreit wird. Lass die Grablichter in den folgenden Tagen immer ein Stückchen weiter herunterbrennen, bis sie schließlich erlöschen.

Dieses Ritual wirst du bestimmt wiederholen wollen. Denn man kann nicht mit einem Mal all die gravierenden Einflüsse der Vergangenheit beiseite fegen, das braucht seine Zeit. Und manchmal ist schon viel erreicht, wenn man einfach ein wenig Linderung bringen kann.

Übrigens können bei der Durchführung (nicht nur) dieses Rituals ganz unterschiedliche Gefühle auftauchen; manchmal spürt man Trauer, empfindet oft aber auch Wärme und Licht. Das ist vollkommen normal und ein Zeichen dafür, dass eine wirkliche Verbindung zur geistigen Welt besteht.

Den Geist eines Verstorbenen sanft verabschieden

Matetee (pro Wischeimer etwa eine Tasse) ist ein ganz besonderer Haushaltshelfer. Er löst nämlich Spannungen mit Verstorbenen.

Wer so etwas noch nicht erlebt hat, wird mit dieser Vorstellung nicht viel anfangen können, sobald es einem aber selbst passiert, ist man froh, wenn man sich zu helfen weiß.

Mitunter fühlt man sich von Verstorbenen belästigt, mit denen man zu ihren Lebzeiten keine gute Beziehung hatte, es kann aber auch unter umgekehrten Vorzeichen zu Problemen kommen: Denn für den Hinterbliebenen stellt es genauso eine Belastung dar, wenn er das Gefühl hat, immer wieder von einem geliebten Toten, der anscheinend keinen Frieden findet, besucht zu werden.

Auch wenn es in der Wohnung oder im Haus zu einem Todesfall gekommen ist, empfiehlt es sich, dem Putzwasser Matetee zuzusetzen.

Dies kommt keinem unfreundlichen Rauswurf gleich, denn Mate wirkt nicht bannend oder vertreibend. Vielmehr hilft er den Verstorbenen sanft, sich abzulösen und den Weg ins Licht zu finden.

Im Deutschen lässt es sich schwer beschreiben, ohne dass es sich eigenartig anhört, aber Matetee ist Nahrung für solche Seelen; er schenkt ihnen eine Art grundlegender Sattheit, die es ihnen erleichtert, sich auf den Weg zu machen. Denn solange die Verstorbenen noch voller Unruhe und Hunger sind (zum Beispiel weil vor ihrem Tod wichtige Dinge unausgesprochen blieben), fällt es ihnen oft schwer, sich ganz von der irdischen Ebene zu lösen.

Zusätzlich zum Wischen mit Matetee kannst du auch noch eine Tasse davon auf den Boden stellen (zum Beispiel in der

Küche oder in dem Raum der Wohnung, in dem die Präsenz des Verstorbenen spürbar ist; wenn du die Verbindung im Halbschlaf oder in Träumen wahrnimmst, stell den Tee ins Schlafzimmer).

Zwölf

Wenn du dann mal weg bist

Über die enge Verbundenheit der (meisten) Menschen mit ihrer Wohnung habe ich in diesem Buch recht viel gesprochen. Doch du wirst nicht immer zu Hause sein – möchtest aber auch dann gut geschützt sein und dich in einer energetisch gereinigten Atmosphäre aufhalten. Da sich die bisher vorgestellten Methoden und Anwendungen allerdings weder am Arbeitsplatz eins zu eins anwenden lassen (es sei denn, du arbeitest vom Homeoffice aus) noch auf Reisen, mache ich dir dafür im Folgenden ein paar andere Vorschläge.

Im Büro

Für viele ist das Büro wie ein zweites Zuhause. Man verbringt dort täglich viele Stunden, oft sogar mehr als zu Hause (wenn man den Schlaf mal abzieht). Umso wichtiger ist es, dass dort nicht die sprichwörtliche dicke Luft herrscht.

Die Tipps und Hinweise, die ich in diesem Abschnitt gebe, lassen sich natürlich auch auf andere Arbeitsplätze anwenden, denn es verdient ja nicht jeder seine Brötchen in einem Büro. Fühl dich also frei, alle Vorschläge, die ich mache, deinen Gegebenheiten entsprechend abzuwandeln. Magie ist schließlich, das kann ich gar nicht oft genug betonen, nichts Theoretisches, sondern muss sich immer im wahren Leben bewähren – anderenfalls verdient sie den Namen nicht.

Reinigungspuder

Im Büro muss man zumeist diskret vorgehen, wenn man magisch für eine Verbesserung sorgen will; daher solltest du die Arbeit mit Pudern erst einmal zu Hause üben, damit dann auch alles klappt. (Warum das so ist, wirst du gleich sehen.)

Für einen reinigenden Puder besorgst du dir ganz normales Babypuder oder Talkum und gibst ganz wenig Lemongrassöl hinzu, das eine stark klärende Wirkung hat. (Am besten fängst du erst einmal mit nur einem Tropfen an.)

Mische den Puder dann mit der gleichen Menge gemahlenen Rosmarins sowie einer kleinen Prise Zimt. (Auch hiervon bitte nicht zu viel, manche Leute riechen Zimt zehn Meter gegen den Wind und die Düfte sollen ja auf der unbewussten Ebene wirken und nicht etwa zu Diskussionen darüber führen, was die Reinigungskraft wohl für ein ausgefallenes neues Putzmittel verwendet.)

Der Rosmarin verleiht dem Puder die nötige Kraft, und der Zimt bringt eine warme, positive Energie mit ein.

Wenn du alles gut vermischt hast, gib eine kleine Menge des Puders auf deine Handfläche und puste sie stoßartig von dir weg.

Das will, wie gesagt, geübt werden, damit du im »Ernstfall« zielgerichtet arbeiten kannst und nicht hektisch Puderflecken aus Sitzpolstern reiben oder von Schreibtischen wischen musst. Wenn es dann so weit ist, pustest du in alle vier Ecken deines Arbeitsraumes ein wenig von dem Puder (Betonung auf wenig, eine winzige Prise genügt vollkommen, denn es geht hier noch weniger als in anderen Fällen um die Menge, sondern ausschließlich um die Substanz).

Um sicherzugehen, dass du keinen Argwohn erregst, bleibst du zum Zwecke dieser Reinigungsaktion am besten abends mal etwas länger im Büro oder kommst morgens als Erste(r).

In besonders hektischen Zeiten solltest du diese Prozedur einmal pro Woche wiederholen.

Duftflaschen mit Rattanstäbchen

Diesen Trick habe ich von einer meiner Kundinnen gelernt und gebe ihn gerne weiter. Sie saß in einem spannungsgeladenen Büro als einzige Frau zwischen lauter männlichen Alphatierchen und wollte die Atmosphäre verbessern, um ihre Arbeit vernünftig machen zu können.

Zugegeben, dieser Zauber ist vor allem etwas für Frauen, denn bei uns Mädels ist es relativ unverdächtig, wenn wir Duftsachen in unserer Umgebung verteilen. Am besten stellst du das Fläschchen einfach auf, ohne größere Erklärungen dafür abzugeben.

Kaufe dir eines dieser inzwischen recht beliebten Duftfläschchen mit Rattanstäben drin, verwende anstelle der mitgelieferten Fertigmischung aber deine eigene.

Als Lösungsmittel nimmst du hochprozentigen Alkohol aus der Apotheke oder dem Naturkosmetikbedarf und fügst einige Tropfen Minzöl, Rosmarinöl und etwas Mandarinenöl hinzu (für eine Portion Extraentspannung gerne auch noch etwas Lavendel). Da Alkohol sehr schnell verdunstet, kannst du ihn mit Wasser verdünnen, aber erst nachdem du die ätherischen Öle darin gelöst hast. Die Flüssigkeit wird dann etwas milchig, aber das tut der Sache keinen Abbruch.

Ähnlich wie beim Puder empfiehlt sich auch hier vorab ein Test daheim, damit es im Büro dann nicht allzu intensiv riecht. Viele Leute geben sich sehr empfindlich, was Düfte betrifft (interessanterweise sind da Raucher oft ganz vorne mit dabei).

Gegebenenfalls reicht es auch, wenn du von jedem Öl nur einen einzigen Tropfen verwendest, dann wirkt die Mischung eher über die unbewusste Ebene – aber genau darum geht es ja eigentlich.

Dampf von heißem Tee

Eine ungewöhnliche, aber effektive und unauffällige Methode, im Büro für eine bessere Atmosphäre zu sorgen, besteht ganz einfach darin, dass du Tee, und zwar den jeweils richtigen … na ja, nicht in erster Linie trinkst, sondern vor allem etwas stehen lässt, damit er ein bisschen verdunsten kann. Die wenigsten Leute können auf der Arbeit räuchern und manchmal sorgen auch Duftfläschchen für Ärger, gegen eine Tasse Tee aber ist nun wirklich nichts einzuwenden.

Und welcher Tee ist wann der richtige?

Wenn ein kühler Kopf gefragt ist, weil die Emotionen hochschlagen, empfehlen sich *Lemongrass oder Minze*. Brühe den Tee ganz normal auf, aber schön stark dosiert, damit er auch ja gut duftet.

Nimm *Kamillentee oder Orangenblüte*, wenn du dir mehr Geborgenheit wünschst.

Melissentee sorgt für Beruhigung und Entspannung.

Zur inneren Stärkung und Verbesserung der geistigen Leistungsfähigkeit entscheidest du dich am besten für *Salbei oder Rosmarin*.

Wer Ängste bannen will, greift zu *Lavendelblütentee*.

Und wer schließlich – aus welchem Grund auch immer – eine kämpferische Stimmung erzeugen möchte, kommt eigentlich um *Brennnesseltee* nicht herum.

Manche Tees sind nicht in Beuteln erhältlich, aber da kann man sich behelfen, indem man sie zu Hause in die kleinen Teefilter aus Papier abfüllt, die man in jeder Drogerie bekommt.

Bei all diesen kleinen, unauffälligen Zaubern im Alltag ist das Wichtigste die Bewusstheit im Tun. Denn das komplette Fehlen eines rituellen Rahmens muss durch Konzentration wettgemacht werden.

Brühe den Tee daher äußerst bedacht auf und stell dir vor, du würdest mit der Tasse durch den Raum gehen wie mit einem reinigenden Räucherstäbchen.

Lass deine Tasse dann stehen und in Ruhe vor sich hin dampfen. Sobald er abgekühlt ist, kannst du den Tee natürlich ganz normal trinken, es sei denn, er ist dir zu stark, dann gießt du ihn vielleicht lieber unauffällig weg.

Womöglich fragst du dich, ob das Ganze auch mit Kaffee geht. Doch leider nein. Denn so köstlich dessen Aroma auch sein mag, magisch betrachtet verstärkt und beschleunigt es eher. Und wenn es in den meisten Büros von irgendetwas schon genug gibt, dann sind es Druck und hohe Tempovorgaben.

Je nachdem, wie es bei euch im Büro üblich ist, kannst du auch gut mit Steinen arbeiten. Es kommt auf die jeweiligen Gepflogenheiten an. Wenn es bei keinem der Kollegen irgendetwas Persönliches auf dem Schreibtisch gibt, bist du vielleicht gut beraten, die Steine in einer Schublade aufzubewahren, sonst aber kannst du sie auch offen hinlegen. Auf neugierige Fragen ist »Das sind Urlaubserinnerungen« eine passende Antwort.

Wenn es darum geht, Spannungen zu neutralisieren und die kollegiale Zusammenarbeit zu verbessern, sind Hämatit, Schörl, Gagat und Schungit ideal, denn diese Steine wirken wie das Flusensieb in der Waschmaschine: Sie filtern die Atmosphäre.

Immer mehr Menschen entdecken aber auch die Kraft der Steine, die sie selbst gefunden haben, also der ganz normalen Feld-, Wald- und Wiesensteine, die einen beim Spazierengehen aufgrund ihrer positiven Ausstrahlung geradezu »anspringen«.

Da liegen womöglich Hunderte auf dem Weg herum, oberflächlich betrachtet eigentlich ganz unscheinbar ... aber dann ist da dieser eine, der, der die Aufmerksamkeit fesselt und über den man später sagt: »... ich weiß auch nicht warum, aber den *musste* ich einfach mitnehmen ...«

Für Edel- oder Halbedelsteine gilt Ähnliches: Je länger man mit Steinen arbeitet, desto mehr macht man die Erfahrung, dass es weniger auf die Sorte (oder sagt man bei Mineralien eher Gattung oder Art?) ankommt als auf das einzelne Exemplar.

Angenommen, du kaufst dir drei Amethyste, weil sie für ihre besondere Stärke und Energie bekannt sind. Dann könnte ich darauf wetten, dass dir in kürzester Zeit einer besonders ans Herz wächst. Das ist womöglich nicht einmal der größte oder schönste der drei, und du wüsstest auch nicht, warum du ihn den anderen vorziehst, du spürst es einfach. Ohne es begründen zu können.

Doch zurück ins Büro.

Sobald du deine Wahl getroffen hast, legst du den Stein auf oder in den Schreibtisch und sprichst hin und wieder mit ihm (still für dich oder auch laut, wenn du mal allein im Raum bist). Du sagst ihm, was du dir von ihm wünschst und wofür du seine Hilfe brauchst. Halte ihn dabei in der Hand, damit ihr in unmittelbarem Kontakt miteinander seid.

Lass aber deinen Stein (vor allem in stressigen Zeiten) nie zu lange am Stück für dich arbeiten. Nimm ihn gelegentlich mit zu dir nach Hause, damit er sich erholen kann.

Wasch ihn dort mit kaltem Wasser ab und leg ihn dann an ein schönes Plätzchen. Vielleicht ins Sonnenlicht auf der Fensterbank oder auch irgendwo anders hin, vertrau da einfach deiner Intuition.

Es gibt viele Regeln und Empfehlungen für den optimalen Umgang mit Steinen, lass dich davon aber nicht irritieren: Am Ende des Tages kommt es nur auf euch beide an, den Stein und dich.

Auf der Straße

Was heute die Kraftfahrzeuge sind, war früher das stattliche Ross, Fortbewegungs- und Transportmittel, aber auch Statussymbol und ganzer Stolz seines Besitzers. Und ähnlich wie anno dazumal Zaumzeug, Geschirr oder Sattel mit allerlei Talismanen und Glückssymbolen versehen wurden, um das Pferd und seinen Reiter zu schützen, hält man es in unseren Tagen, wenn auch oft unbewusst, mit dem Auto, zu dem manche sogar eine innigere Beziehung haben als zu ihrer Wohnung.

Fast an jedem Rückspiegel baumelt irgendetwas, jede Menge Klimbim belagert Hutablage und Armaturenbrett. Besonders rational ist das nicht, von der ästhetischen Wirkung ganz zu schweigen, doch was ihr hochgeschätztes Gefährt betrifft, scheinen sogar Menschen, die sonst viel Wert auf Stil und Design legen, vor sentimentalen Anwandlungen nicht gefeit.

Warum also den offensichtlich weit verbreiteten Drang, das Auto zu verzieren, nicht zu dessen magischem Schutz nutzen?

Natürlich steht, wie immer, vor dem eigentlichen Zauber die Reinigung. Und in diesem speziellen Fall führt der Weg direkt in die Waschstraße. Sobald dann alles blitzt und blinkt, »fütterst« du jeden der vier Reifen deines Autos mit einem Gläschen Gin. (Um keinen Argwohn oder gar das Interesse der Verkehrspolizei zu erregen, fährst du dafür am besten an ein Plätzchen, an dem du ungestört und unbeobachtet bist.)

Sodann hast du eine große Auswahl an schützenden Glücksbringern, die du in deinem Wagen anbringen kannst:

Automobile Talismane

Bommeln und Fransen verwirren traditionell die bösen Geister und halten damit mögliches Unglück von dir und deinem fahrbaren Untersatz fern.

Das *Nazar* beziehungsweise blaue Auge werden wir im Abschnitt über Amulette und magische Dekomotive noch näher besprechen. An dieser Stelle nur das: Es bewahrt vor dem bösen Blick, aber wie sein Beiname »allsehendes Auge« andeutet, hilft es auch, etwaige Gefahren im Straßenverkehr rechtzeitig zu erkennen, sodass ein Unfall vermieden werden kann.

Glänzendes und Spiegelndes findet man bis heute an schmückendem Zaumzeug für Pferde und auch am Auto ist es eine gute Wahl.

Inwieweit spiegelnde Chromfelgen bereits in diese Kategorie fallen, ist eine interessante Frage, symbolisch liegen sie mit Sicherheit auf einer Ebene mit spiegelnden und blinkenden Schmuckteilen an Pferdegeschirren. Aber auch kleine Spiegel, wie man sie, mit Stoff eingefasst, als Anhänger in indischen Ländern findet, sind keineswegs ungeeignet.

Auch wenn man Kreuze und Rosenkränze häufig an Rückspiegeln hängen sieht, würde ich davon eher abraten, denn sie sind das Symbol des Aufeinandertreffens zweier Ebenen, des Weltlichen und des Geistigen. (Bei einem Kreuz etwa ist in diesem Sinne die senkrechte Linie das, was »von oben« kommt, und die waagerechte die Welt, die Wirklichkeit beziehungsweise das ganz praktische Leben.) Und wenn man nicht einen starken christlichen Bezug zu diesen Symbolen hat, ist das vielleicht nicht die beste Idee, denn man möchte mit dem Auto ja gerade *nicht* mit anderen Dingen zusammenstoßen.

Hotel – dein Zuhause auf Zeit

Die in diesem Kapitel beschriebenen Methoden der Reinigung und des Schutzes können natürlich zumindest theoretisch auch auf Reisen geschäftlicher oder privater Natur angewendet werden. Doch die meisten setzen ein gewisses Equipment voraus. Und was, wenn du das – aus welchem Grund auch immer – gerade nicht dabeihast? Deshalb ist es gut, wenn du unterwegs in der Lage bist, auch ohne jedes magische Zubehör zu arbeiten.

Um einen Raum, beispielsweise eben das Hotelzimmer, zu reinigen, kannst du eine Zeit lang in die Hände klatschen. Dabei lässt du die Fenster offen oder zumindest gekippt, damit alles Negative entweichen kann.

Du kannst aber auch weißes Licht visualisieren und damit gedanklich alle Gegenstände im Raum berühren, als würdest du sie mit einer hell schimmernden Schutzschicht überziehen. Vernachlässige dabei auch die Wände, die Decke und den Fußboden nicht. Diese Methode ist ideal, wenn sich in dem Raum, in dem du dich befindest, die Fenster nicht öffnen lassen. Lass stattdessen während der Visualisierung die Zimmertür einen Spaltbreit offen, damit alles, was vielleicht gehen möchte, den Raum auch tatsächlich verlassen kann.

Die Wohnung schützen und energetisch aufladen

Dreizehn

Gottheiten und gute Geister des Hauses

Wenn ein Haus voll guter Geister ist oder gar eine mütterliche Hausgöttin hat, ist es bedeutend besser vor Widrigkeiten aller Art geschützt, das wussten schon unsere Ahnen. Und bis heute haben sich bewusst oder unbewusst viele Rituale und Symbole erhalten, die darauf hinweisen. So wird zum Beispiel beim Bau eines Hauses nach wie vor ein Richtfest gefeiert, und zum Einzug bekommt man Brot und Salz geschenkt.

Damit du dich zu deinem Schutz auf die für dich »richtigen« Gott- oder Wesenheiten beziehen kannst, achte zunächst einmal nur darauf, ob dir spontan eine einfällt.

Sollte dies nicht der Fall sein, kannst du die Zwischenüberschriften dieses Kapitels kurz überfliegen. Vielleicht bringt ja einer der Namen in dir ein Glöckchen zum Klingeln. Manchmal bleibt einem aus unerfindlichem Grund ein bestimmter Name hängen; es können aber auch bedeutungsvolle Zufälle auftreten, die mit einer Wesenheit zusammenhängen, oder man bekommt unversehens einen Wink von jemandem, der gar nicht weiß, dass er einem gerade einen wichtigen Hinweis gibt.

Mitunter bestehen auch (vielleicht sogar unbewusst) Verbindungen zum Kulturkreis der Vorfahren oder zu Geschichten, Märchen und Mythen, die einen in der Kindheit fasziniert haben, als man noch offen und unvoreingenommen war. Bei meiner Arbeit erlebe ich es oft, dass Leute nach lehrreichen Ausflügen in alle möglichen spirituellen Richtungen und Lehrsysteme zum Schluss wieder auf das Wissen ihrer Vorfahren zurückkommen oder sich auf das besinnen, was für sie als junger Mensch wichtig und richtig war. Man sollte derartige Verbindungen und Bezüge daher nie vorschnell als Kinderkram abtun.

Auch wenn man leicht dazu tendiert, sollte man sich Geistwesen und Gottheiten nicht ausschließlich als »Personen« vorstellen. Auf diese Art können sie einem natürlich auch erscheinen. Viele Leute aber nehmen die Energien dieser Wesenheiten eher als solche wahr, unkörperlich oder in anderer Gestalt, und sind frustriert, wenn sie keine »richtigen« Erscheinungen in quasi menschlicher Form haben. Das muss aber nicht sein.

Es spielt keine Rolle, ob man Wesenheiten »mit Gesicht« oder »ohne« (also als reine Energien und Stimmungen) wahrnimmt. Das ist von Individuum zu Individuum unterschiedlich. Manche sehen ihre Schutzwesen vor dem inneren Auge tatsächlich wie Personen, andere empfinden deren Präsenz als Wärme oder Kälte, wieder andere riechen bestimmte Aromen oder haben Wahrnehmungen, die sich keinem einzelnen Körpersinn zuordnen lassen (man spricht dann oft von »Bauchgefühl«). Und bei manchen schließlich gehen die Wahrnehmungen auch fließend ineinander über. Aber so ist das eben mit dem wirklichen Leben – es hält sich nicht immer ans Lehrbuch.

Aitvaras

Aitvaras stammt aus dem Baltikum und ist ein guter Hausgeist, der sich unter anderem in Form eines Drachens oder eines Hahns zeigt. In der jüngeren Geschichte wurde er – wie so viele lieb gewonnene Geistwesen – von christlicher Seite oft für böse erklärt und dämonisiert.

Trotzdem schimmert sein Naturell aus heidnischer Zeit immer noch durch. Denn eigentlich lebt Aitvaras am liebsten im Wald oder zieht als leuchtender Drache über den Himmel. Mit viel Liebe kann man ihn zu sich einladen, und wenn es ihm bei einem gefällt, wird er zum guten Geist, der dafür sorgt, dass es dem Haushalt an nichts mangelt.

Wie alle mit Haus und Wohnung verbundenen Wesenheiten liebt er es, eigens für ihn zubereitete Mahlzeiten vorgesetzt zu bekommen, und verzeiht weder Streiche noch üble Nachrede. Aber warum sollte man sich einem guten Geist gegenüber auch solche Freiheiten herausnehmen?

Baumgeister

Manche Dinge sind so naheliegend, dass sie leicht übersehen werden. Das gilt auch für Baumgeister. Dabei ist es noch gar nicht lange her, dass sie zu den wichtigsten Schutzwesen für Haus und Hof gehörten. Am hofeigenen Baum hing oftmals das Geschick der ganzen Familie, sein Verkümmern galt als Vorbote eines großen Unglücks. Oft wurde auch die Plazenta von Neugeborenen darunter vergraben, um die Babys auf diese Weise dem Schutz des Hausbaums anzuvertrauen.

Der Baum spielt auf die eine oder andere Weise in den meisten Kulturen eine besondere Rolle. So stammt etwa in vielen Mythologien der Mensch vom Baum ab, man spricht vom Baum des Lebens oder auch vom Weltenbaum. Im Christentum schließlich kennt man nicht nur den Weihnachtsbaum, sondern auch den Baum der Erkenntnis, mit dem die ersten beiden Menschen verbunden waren – auch wenn dies mit der Vertreibung Adams und Evas aus dem Paradies ein eher unschönes Ende nahm.

Sprachliche Bezüge, die auf unsere besondere Beziehung zu Bäumen hindeuten, gibt es auch heute noch, zum Beispiel in der Redewendung »Der Apfel fällt nicht weit vom Stamm«. Und »Wir sind aus einem Holz geschnitzt« etwa sagt man, wenn man zum Ausdruck bringen möchte, dass man sich einer bestimmten Person wesensverwandt fühlt. In dieser Hinsicht sind uns die Bäume also immer noch sehr präsent.

Nicht ganz so einfach ist es mit den entsprechenden Bräuchen und Traditionen, die für viele (besonders Großstadtbewohner) oft nur in einer Sparversion möglich sind. Und das ist zwar schade, aber kein Grund, gleich ganz darauf zu verzichten. Geh lieber los und schau dich in deiner Wohngegend – vielleicht sogar ganz in der Nähe, etwa auf dem Weg zum Supermarkt – nach einem Baum um, der dich in besonderem Maße anspricht.

Ich kannte einmal eine Frau, die auf dem Weg zur Arbeit täglich mit der Straßenbahn an einem Baum vorbeifuhr und ihn dabei innerlich grüßte und den Tag mit ihm besprach. Sie besuchte ihn natürlich auch hin und wieder, aber darauf kam es gar nicht so sehr an. Denn wenn ein Baum und ein Mensch etwas miteinander haben, spielen äußere Faktoren kaum eine

Rolle. Daher lautet auch hier meine Empfehlung: Achte nur darauf, was in dir innerlich ein Glöckchen zum Klingen bringt. Rede dir nichts vom Kopf her ein. Vielleicht ist es gar nicht die starke Eiche, die zu dir spricht und »dein« Baum ist, sondern der kleine, knorrige Weißdorn, der ein paar Meter weiter wächst.

Genauso nämlich ging es mir. Es gibt da in einem Leipziger Park einen Weißdorn, der, so unscheinbar er sein mag, für mich etwas ganz Besonderes ist. Ich besuche ihn nicht regelmäßig, aber wenn ich in der Gegend bin, schaue ich immer bei ihm vorbei. Dabei passiert überhaupt nichts Spektakuläres, aber ich empfinde in der Nähe »meines« Weißdorns ein warmes, erdendes Gefühl, das mich manchmal noch Wochen später begleitet.

Man kann solche Verbindungen nicht näher erklären, verallgemeinern oder in Kategorien einordnen, sie entstehen einfach. Man kann nur Beispiele erzählen. Andere – auch du vielleicht? – fühlen sich dadurch womöglich an eigene Erlebnisse erinnert und in ihren Wahrnehmungen bestätigt. Denn ja: Du darfst deinen Eingebungen getrost vertrauen.

In der Kindheit hatten wir fast alle unseren »besonderen« Baum. Und manchmal ist er auch im Erwachsenenalter noch an unserer Seite, selbst wenn wir inzwischen ganz woanders wohnen. Deshalb kann ich nur sagen: Es lohnt sich eigentlich für jeden, seine Beziehung zu den Riesen unter den Pflanzen genauer unter die Lupe zu nehmen und ihr nachzuspüren.

Brighid

Die Keltin Brighid ist eine sehr bekannte Göttin. Doch in spirituellen Kreisen wird sie oft ein bisschen zu selbstverständlich genommen, vielleicht gerade aufgrund der langen Tradition, auf die sie zurückblicken kann. Gibt's da nichts Neues, Ausgefalleneres, von weiter her, am besten irgendwo aus dem Amazonasgebiet? Das ist natürlich ein wenig überzeichnet, aber die ständige Suche nach dem ultimativen Kick droht durchaus auch ins Spirituelle überzugreifen. Und dann zählt das Bewährte nicht mehr, und jede Tradition verliert ihren Wert.

Ich halte von einer solchen Oberflächlichkeit überhaupt nichts. Was über Jahrhunderte bewahrt wurde … da muss doch etwas dran sein, oder? Sollte man es wirklich einfach so fallen lassen? Gerade im Falle von Brighid, die als heilige Brigitte sogar in die christliche Religion überging, scheint mir das doch allzu kurzsichtig und nicht angebracht.

In Bezug auf Haus und Heim ist Brighid als Göttin des Feuers wichtig, das Heim und Hof vor negativen Einflüssen bewahrt – und damit war sie auch die Göttin des Herdfeuers, das früher wie ein guter Geist verehrt wurde, und zwar in vielen Kulturen weltweit.

Einst von modernen Elektrogeräten verdrängt, ist »echtes«, offenes Feuer in der Küche heute schon wieder ein Luxus, den sich nicht jeder erlauben kann. So ändern sich die Zeiten.

Um dein Heim mit Brighids Energie zu beschützen, kannst du sie aber trotzdem mithilfe des Elements Feuer herbeirufen, auch wenn du nicht das Glück hast, einen kleinen Kohlenherd dein Eigen zu nennen. Zum Beispiel, indem du abends dicke weiße Kerzen zu ihren Ehren anzündest.

Bring zusätzlich das traditionelle Brighidskreuz aus Stroh oder Binsen über der Eingangstür an und feiere Imbolc, »ihren« Tag, das alte irische Frühlingsfest in der Nacht vom ersten auf den zweiten Februar.

Dolya

Dolya ist eine russische Gottheit des Glücks und der Lebensfreude. Als Feuergöttin, die das Haus beschützt, wohnt sie am Herd der Familie. Wenn knarzende Geräusche oder eigenartige Töne im Haus zu hören sind, handelt es sich um Warnungen der Dolya. Zugleich segnet sie das Heim und schätzt, genau wie die meisten anderen Wesenheiten des Zuhauses, Gekochtes und Gebackenes als kleine Opfergaben.

Früher wurden die dafür vorgesehenen Lebensmittel einfach ins Herdfeuer geworfen; heute ist das nur noch selten möglich. Als Alternative kann man am Herd ein kleines Regal anbringen, auf das man eine kleine Göttinnenfigur setzt, der man hin und wieder kleine Gaben hinstellt.

Du kannst auch eine der traditionellen russischen Stoffpuppen nachbilden, mit Kleid, Kopftuch und Schürze. Wobei interessant ist, dass das Gesicht dieser Figuren nur aus hellem Stoff besteht, also weder Mund noch Augen oder Nase aufweist. Das kann einen zunächst irritieren, doch mit der Zeit lernt man es zumeist zu schätzen. Denn ohne ablenkende Gesichtszüge nimmt man die Göttinnenenergie, die durch die Puppe hindurch wirkt, unmittelbarer wahr.

Domovoj

Der Domovoj, oft auch als »Väterchen« oder »Meister« bezeichnet, ist ein männlicher Geist des Hauses, über den es viele Geschichten gibt. Er hat etwas von einem Trickster, und wie es heißt, wird jedes Haus von einem Domovoj beschützt. Auch die Bewohner beschützt er gern, allerdings sind diese gut beraten, ihm öfter mal Kleinigkeiten zum Essen und Trinken hinzustellen, anderenfalls fängt er an, ihnen gewitzte Streiche zu spielen. Der Meister liebt gutes Brot, und wer schon einmal die prächtigen russischen Festbrote gesehen hat, versteht auch, warum. (Aber ganz normale frische Ware vom Bäcker an der Ecke wird er bestimmt ebenfalls nicht verschmähen.)

Wenn neue Familienmitglieder (zu denen auch Haustiere zählen) hinzukommen, sollte man sie dem Domovoj vorstellen, wie es die Höflichkeit gebietet, schließlich wird er von nun an auch sie schützend im Blick haben.

Man sieht ihn im Übrigen recht selten und wenn, dann zumeist als kleine Geistergestalt mit grauen Locken und buschigem Bart. Wobei er – wie alle Trickster – manchmal auch als Tier auftritt, das mit ungewöhnlichem Verhalten auf sich aufmerksam macht. Generell aber zieht er es vor, ungesehen zu bleiben.

Frau Holle, Holda

Frau Holle gehört zu den wirklich alten Göttinnen (ihre Spuren als Herrscherin des Himmels und der Erde lassen sich bis in die Jungsteinzeit zurückverfolgen). Auch wenn sie vorübergehend – wie so viele Wesenheiten – in die Gestalt einer Märchenfigur schlüpfen musste, ist sie nach wie vor allseits bekannt.

Sie regiert das Wetter und die Jahreszeiten und falls die Mächte der Natur dein Haus bedrohen, ist es eine gute Idee, sich mit ihr zu verbünden.

Frau Holle unterstützt die Menschen bei allen traditionellen Kulturtechniken, ganz besonders aber mag sie das Spinnen und alles, was mit der Verarbeitung und Dekoration von Stoffen und Geweben zu tun hat. Sie spinnt den Faden des Lebens und beschützt vor allem die Frauen und Kinder des Haushalts.

Früher gab es übrigens auf so gut wie jedem Bauernhof einen engen Verwandten von Frau Holle: einen Holunderbusch. Auch er, letztlich eine Göttin in Pflanzenform, ist den Menschen wohlgesinnt – Grund genug, ihm mit Respekt und Sympathie zu begegnen.

Frigg

Frigg ist die germanische Göttin der Ehe und des Haushalts – aber keinesfalls jenes Heimchen am Herd, als das sie manchmal dargestellt wird. Nein, Frigg ist eine große Mutter- und Himmelskönigin, eine mächtige Zauberin und Weissagende. Ihr großes Thema ist die Ordnung (auch im höheren Sinn). So sorgt sie etwa dafür, dass alles an den rechten Platz findet. Wenn du umziehen möchtest, weil du ein besseres Zuhause suchst, ist sie eine großartige Ansprechpartnerin.

Wie man sagt, spinnt Frigg den Faden, den die Nornen in das Geflecht des Lebens einweben und am Ende abschneiden.

Sie beschützt das Heim und alle, die darin wohnen. Wenn du das Gefühl hast, dass dein Haushalt nicht mehr in Ordnung ist (sei es ganz real, emotional oder spirituell), dann rufe Frigg um Hilfe an und bitte sie, dich zu unterstützen. Sie wird nicht lange auf sich warten lassen.

Anonyme Hausgeister, Heinzelmännchen und Kobolde

Diese Gruppe von Geistwesen lässt sich im Volksglauben nur schwer auseinanderhalten, deshalb stelle ich sie hier gemeinsam vor.

Wobei man sagen muss: Durch die Verniedlichung in Kinderbüchern und Filmen ist es heute mitunter gar nicht mehr so leicht, sie noch als wirkliche Geistwesen zu erkennen. Denn ähnlich wie Frau Holle haftet auch ihnen in der herrschenden öffentlichen Wahrnehmung allzu viel Märchenhaftes an.

Trotzdem kann man wunderbar mit ihnen zusammenarbeiten. Hausgeister mögen Ordnung, sie helfen den Tüchtigen und wissen es sehr zu schätzen, wenn man ihnen für die Nacht eine kleine Aufmerksamkeit in die Küche stellt. Das kann eine Schale mit Honig sein, ein Schnäpschen, ein Glas Milch oder Ähnliches. Aber manche mögen es auch sehr deftig, das geht dann schon eher in Richtung Wurst und Käse, Gewürzgurken und Radieschen. (Keine Sorge, mit der Zeit wirst du die jeweiligen Vorlieben »deiner« Hausgeister schon herausfinden.)

Auch wenn sie meist außerordentlich putzig dargestellt werden, sind Hausgeister keine Wesen, mit denen man leichtfertig umgehen sollte. Bis heute findet man fast überall irgendeine Sage, die davon zeugt, dass Hochmut auch in diesem Bereich vor dem Fall kommt. Hochnäsige Menschen, Leute, die sie beleidigen oder sich über sie lustig machen, dürfen nicht mit Nachsicht rechnen. Im besten Fall verschwinden die Wesen nur und entziehen dem Haushalt ihren Segen, im schlechtesten drohen Pech und Unglück.

Das heißt nicht, dass die Zusammenarbeit mit ihnen gefährlich wäre. Aber man muss diese vermeintlich kleinen Wesenheiten respektieren und sollte nicht der Versuchung nachgeben, sie gering zu schätzen.

Mit guten Hausgeistern kann man aus einer schäbigen Bruchbude eine Wohlfühloase zaubern, und wenn du nicht weißt, wer dir beim Ausmisten oder der Neugestaltung deiner Räume helfen kann, bist du bei ihnen an der richtigen Adresse. Achte auf besondere Zufälle und Träume, wenn du sie um Hilfe bittest: Hausgeister sind praktisch veranlagt und spielen dir alles, was du brauchst, direkt in die Hände.

Heiliger Michael und heiliger Georg (die Drachentöter)

In den beiden Drachentötern spiegeln sich Anklänge an alte heidnische Zeiten wider; ihre Bilder sind mächtiger Ausdruck des Sieges über alles Negative. Daher konnten sie als Wahrzeichen des Schutzes und Segens auch umstandslos in andere Traditionen eingehen, wie zum Beispiel in die afroamerikanische, in der der kämpferische Gott Ogun in dieses Bild schlüpfte, um ihn vor den weißen Sklavenhaltern zu verstecken.

Und in Russland findet man den kriegerischen Sonnengott Wasterzhi, der für den heiligen Georg zwar einen ungewöhnlich langen weißen Bart trägt, aber trotzdem viele Jahrhunderte in dieser Gestalt überlebt hat und heute neu entdeckt wird.

Bilder dieser kämpferischen Wesenheiten werden meist hinter der Eingangstür aufgehängt und achten darauf, dass kein Übel die Wohnung betreten kann.

Hekate

Hekate wird bis heute oft als »dunkle« Göttin aufgefasst, doch wie ich schon in früheren Büchern aufgezeigt habe, ist dies nicht einmal die Hälfte der Wahrheit – schließlich war ihre Farbe in der Antike ein leuchtendes Safrangelb, und das bestimmt nicht von ungefähr. Als fackeltragende Göttin bringt sie Licht ins Dunkel und erhellt, was zuvor verborgen war.

Neben vielem anderen galt sie auch als Hüterin des Hauses und Schwellenwächterin. Kleine Statuen von ihr wurden vor der Eingangstür aufgestellt, um den Haushalt vor negativen Einflüssen zu bewahren. Aus praktischen Gründen ist dies (vor allem in städtischen Mietwohnungen) heute nicht mehr unbedingt möglich. Trotzdem müssen wir auf die schützenden Energien der Hekate nicht verzichten.

Du kannst zum Beispiel einen Kranz an der Tür anbringen, den du mit kleinen Mondsicheln (als einem ihrer Symbole) verzierst und in den du ganz unverfänglich drei kleine schwarze Hunde (zum Beispiel in Form eines Fotos oder kleiner Figürchen aus der Spielzeugabteilung) einarbeitest.

Wenn du bereits eine Beziehung zu Hekate hast, weißt du, wie du mit ihr Kontakt aufnehmen kannst. Wer jedoch gerade erst damit anfangen möchte, tastet sich am besten anhand ihrer Symbole (neben den schon genannten zum Beispiel auch verschiedenes Obst, ein Dolch und die Schlange) an die Göttin heran.

Man darf aber nicht enttäuscht sein, wenn man nichts spürt und sich nicht von Hekate beschützt fühlt. So etwas kommt vor. Nicht zu jeder Gottheit findet man einen Draht. Und manchmal muss man eben ein bisschen experimentieren und suchen, bis man eine findet, bei der die Chemie stimmt.

Laren

Die Laren, Hüter der Kreuzwege sowie Schutzgötter des Zuhauses im alten Rom, wurden meist zu zweit (daher auch Lar*en*, die Einzahl ist Lar) verehrt – in der Gestalt junger Männer, die einen Kranz oder Hörner in die Höhe hielten. Manchmal gesellten sich auch Schlangen und Hunde als Symbole hinzu.

Es gab die *lares familiares*, die die Familie schützten, und die *lares loci*, die den Ort als solchen (Haus, Hof und alles, was dazugehörte) behüteten. Diese Unterscheidung kam vielleicht auch in der Darstellung als zwei Figuren zum Ausdruck.

Im Gegensatz zu anderen Geistwesen ist das Wirken der Laren *immer* positiv; sie schützen, segnen und fördern das Wohlergehen »ihrer« Familie. Darüber hinaus sind sie eng mit deren Ahnen verbunden.

Wer mit den Laren arbeiten möchte, sollte sich zwei Figuren besorgen, die junge Männer darstellen (es gibt auch Nachbildungen antiker Exemplare), und ihren Altar am besten in der Küche errichten, nahe beim Herd.

Nantosuelta

Nantosuelta ist eine gallische Göttin, die bis ins Rheinland hinein verehrt wurde. Die Statuen, die von ihr gefunden wurden, trugen ein Füllhorn (als Symbol für Glück und Fülle) oder ein Miniaturhaus in der Hand. Daher geht man davon aus, dass sie eine Göttin des Wohlstands und häuslichen Glücks war.

Wenn man mit Gottheiten arbeitet, über die nur wenig bekannt ist, muss man ein hohes Maß an Eigeninitiative zeigen und sich daher auf einen Prozess von Versuch und Irrtum einlassen.

Mitunter entsteht dabei spontan eine Nähe, die man so nie erwartet hätte. Aber das ist auch kein Wunder: Die Beziehungen zu einer Gottheit sind eben etwas sehr Individuelles. Daher kann es auch sein, dass sie für dich in der praktischen Zusammenarbeit ganz andere Züge tragen, als es ihre »offizielle« Charakterisierung vermuten lässt.

Unbewusst sind viele Menschen gerade auch in spirituellen Fragen allzu autoritätsfixiert und übernehmen ungeprüft, was vermeintlich Höhergestellte beziehungsweise Besserinformierte ihnen vorkauen. Im Christentum sind das in aller Regel Papst, Priester oder Pfarrer, bei naturspirituellen Menschen übernehmen oft Geschichtsforscher und Autoren diese Rolle. Sie sind es dann, die definieren, was im Hinblick auf eine Gottheit richtig oder falsch sein soll.

Um dies aber mal zurechtzurücken: In Bezug auf eine Gottheit ist nur das richtig, was *sie* und *du* für richtig halten (eine Einbahnstraße ist das nämlich nicht). Anregungen von außen können am Anfang durchaus hilfreich sein, aber damit hat es sich dann auch schon. Alles andere entwickelt sich so, wie es sich eben entwickelt. Und das ist von Mensch zu Mensch unterschiedlich.

Lass dich also von keinen Dogmen oder gar zweifelhaften Tatsachenbehauptungen beeindrucken. Informiere dich, lerne, wo es etwas zu lernen gibt, aber verlass dich zum Schluss nur auf deine eigenen Sinne – inklusive des sogenannten siebten.

Penaten

Vorweg: Die Penaten haben nichts mit Babypflege im engeren Sinn zu tun, auch wenn der entsprechende Markenname bestimmt nicht zufällig gewählt wurde.

Ähnlich wie die Laren waren die Penaten häusliche Schutzgeister und wie jene hatten auch sie keine einzelnen Namen, sondern traten eher als Gruppe von Geistwesen auf (dies anders als die Laren, die man sich immer nur zu zweit vorstellte).

Ihre »Kernkompetenz« war ursprünglich der Schutz der Nahrungsvorräte; sie hielten sich gern in der Küche auf und waren ihrer Familie treu, das heißt: Wenn die Familie umzog, zogen sie mit.

Ähnlich den Laren hatten auch die Penaten einen Bezug zu den verstorbenen Vorfahren, die als gute Geister die Familie beschützen und das Haus vor Schaden bewahren.

Der Altar für sie sollte (auch dies wie bei den Laren) in der Küche errichtet werden, und zwar so nahe am Herd, wie es machbar ist. Das muss keine große, aufwendige Geschichte sein, eine kleine Ecke zum Beispiel mit einem Teelicht und einer Schale mit Körnern und Früchten reicht schon.

Die Penaten sorgen dafür, dass man immer etwas Schönes zu essen hat und es der Familie gut geht. Wer sich finanziell sehr einschränken muss und zeitweise nicht einmal weiß, wie er über die Runden kommen soll, tut deshalb gut daran, sich mit den Penaten zu verbinden.

Unke

Die Unke beziehungsweise Kröte, die auch heute noch viele aus Märchen und Sagen kennen, gilt seit jeher als guter Hausgeist und kann auf eine lange Geschichte als Fruchtbarkeits- und Glückssymbol zurückblicken. Auch wenn lebendige Kröten als Botschafter dieser Energie galten, war die Unke an sich oft eher als Hausgeist zu verstehen, vergleichbar mit einem Krafttier, es brauchte also nicht unbedingt reale Kröten in der Umgebung.

Die Unke wurde mit einem Schälchen Milch gefüttert und brachte Wohlstand und Gedeihen über den Hof und seine Bewohner.

Auch im Umgang mit der Unke beweist sich die alte Wahrheit: Wenn der Mensch aufhört, sich für den Mittelpunkt der Welt zu halten, und sich freundschaftlich mit anderen verbündet, sind diese für ihn da, wenn er mal Hilfe braucht.

Der Mythos vom starken Einzelkämpfer (an dem nicht zuletzt in Fernsehserien und Filmen weitergestrickt wird) isoliert uns von unserer Umwelt. Magie ist ein Weg, sich wieder in das große Geflecht der Energien und Wesen einzubinden, mit denen wir die Erde teilen.

Vesta

Wie viele Schutzgöttinnen des Zuhauses unterhält auch diese antike Römerin eine enge Beziehung zum Element Feuer. Die Vestalinnen – ihre einflussreichen römischen Priesterinnen – hüteten in ihrem Tempel ein ewiges Feuer.

Das Fehlen offener Feuerstellen in den meisten der heutigen Wohnungen habe ich, wenn ich mich recht erinnere, schon in anderem Zusammenhang beklagt. Noch bis Anfang des 20. Jahrhunderts wäre das praktisch undenkbar gewesen, gerade im ländlichen Raum. Aber es hilft ja nichts … Wir müssen andere Möglichkeiten finden.

Natürlich kann eine Kerzenflamme, was Wärme und Heimeligkeit angeht, ein richtiges Feuer nur näherungsweise ersetzen, in der spirituellen Arbeit jedoch kann auch sie die gewünschte Wirkung erzielen.

Manchmal denke ich übrigens, dass die Liebe der meisten Frauen zu Kerzen, Teelichtern & Co. auch ein Stück weit daher kommt, dass ihnen das Feuer im Haus fehlt. Aber das nur nebenbei.

Vierzehn

Der Hausaltar

Hausaltäre sind etwas, was wir im urbanen Raum gerade erst wiederentdecken, in eher traditionellen Regionen sind sie dagegen nie außer Gebrauch gekommen. Meist befinden sie sich in einer »magischen« Ecke, je nach religiöser Prägung etwa mit einem Kreuz, einer Ikone oder einer Marienstatue versehen. Aber auch auf den freien spirituellen Wegen wird (wieder) mit dieser Kraft gearbeitet.

Ein Hausaltar hilft enorm, die gute Energie in den eigenen vier Wänden zu verstärken. Manchmal vergleiche ich ihn übrigens auch gern mit einem spirituellen Telefon. Es macht nämlich einen großen Unterschied, ob man schon einen Draht nach oben hat oder jedes Mal bei null anfängt und immer erst eine Leitung verlegen muss.

Eine Art unbewusst eingerichteten kleinen Hausaltar gibt es in vielen Wohnungen; das sind die Fotowände, Stellen, an denen sich Steine sammeln, oder kleine Krimskramschüsselchen mit schönen Dingen, die das Herz erfreuen und damit immer, wenn man an ihnen vorbeikommt, eine gute Kraft mobilisieren.

Auch wer bestimmte Dekoecken hat oder eine bestimmte Stelle, an denen immer ein Blumenstrauß stehen muss, hat damit bereits unbewusst einen Platz geschaffen, der die positiven Energien anzieht.

Idealerweise plant man das nicht allzu rational, sondern schaut, wo sich die Sachen ganz von selbst ansammeln. So kommt es mitunter sogar zum Phänomen des Wanderaltars, wenn man nämlich das dringende Bedürfnis verspürt, ihn an einen anderen Platz zu verlagern.

Hin und wieder spaltet sich ein Altar auch auf, sodass zwei daraus werden, die man später vielleicht wieder zusammenführt. Das ist eben ein sehr organischer Prozess.

Da ich zu diesem Thema schon ausführlich geschrieben habe, will ich hier nicht allzu viel wiederholen, um niemanden zu langweilen.

Was ich aber eindeutig festhalten möchte: Du hast jedes Recht der Welt, deinen Hausaltar kreativ, intuitiv und mit Gefühl zu gestalten, und musst dich dabei an keinerlei Regeln halten.

Schau dir an, was es so alles gibt, wirf ruhig auch einen Blick auf andere Kulturen, aber danach machst du dein eigenes Ding. Anhand des Flusses der Energien spürst du dann schon, ob du auf dem richtigen Weg bist oder etwas verändern solltest.

Wie du dir deinen individuellen Kraftpunkt erschaffen kannst

Im Grunde musst du am Anfang nur den alten magischen Leitsatz »Gleiches zieht Gleiches an« im Kopf behalten. Die Arbeit mit Altären ist die Arbeit mit Symbolen. Und während es bei manchem sehr ungezwungen zugehen kann, braucht anderes aufgrund der Eindeutigkeit eines Symbols etwas mehr Fingerspitzengefühl. Ein ganz einfaches Beispiel: Wer sich mehr Ruhe und Harmonie wünscht, tut sich mit einem knallrot gestalteten Altar eher keinen Gefallen.

Zu den Bedeutungen von Farben, Symbolen und Pflanzen habe ich mich in früheren Büchern bereits ausführlich ausgelassen und möchte mich, auch was das betrifft, nicht wiederholen. Zu ergänzen wäre nur, dass Altäre – oder sagen wir besser: bewusst gestaltete spirituelle Kraftpunkte – viele Gesichter haben können und keineswegs nur als Tischchen mit einer Kerze drauf daherkommen müssen.

Ich denke da zum Beispiel an die Bottle Trees in den USA, wo bunte Glasflaschen in Bäume gehängt oder auf baumartige Gestelle gesteckt wurden, um Negatives vom Haus fernzuhalten. Oder an die Wasserschalen und -gläser, die in vielen Gegenden der Welt für Harmonie und eine friedliche Stimmung sorgen sollen. Oder an die Bilder vom Drachentöter (Erzengel Michael oder der heilige Georg) neben der Eingangstür, die darüber wachen, dass nichts Böses über die Schwelle kommt.

Jede Kultur hat ihre eigenen Wege und Traditionen gefunden, doch eines haben sie alle gemeinsam: die Herbeirufung hilfreicher Kräfte zum spirituellen Schutz der heimischen vier Wände.

Du kannst drinnen arbeiten oder draußen (auch wenn nur ein Fensterbrett als »Draußen« zur Verfügung steht). Dein Kraftpunkt muss weder groß noch pompös sein – ich weiß sogar von Altären in einer Streichholzschachtel. Manche Symbole sind so stark mit einer Wesenheit verbunden, dass das Symbol selbst zum heiligen Ort werden kann. Nehmen wir die Eule für Athene oder eine Muschel für die Göttin Venus und viele andere, fruchtbarkeitsspendende Göttinnen, die die Liebe beschützen. Niemand schöpft Verdacht, wenn bei dir zu Hause ein Teelicht neben einer schönen Muschel steht, das wird jeder für eine Dekoration halten.

Gerade wenn man sich erst kurz mit Magie befasst, in einer hektischen WG wohnt oder ein Umfeld hat, das wenig Verständnis dafür aufbringen würde, kann es hilfreich sein, sich erst einmal einen solchen (äußerlich) kleinen Kraftpunkt zu erschaffen – in aller Ruhe und ohne störende Kommentare von Außenstehenden.

Fünfzehn

Amulette, Glücksbringer und Dekorationsartikel mit magischen Motiven

Wenn es um das Zuhause geht, spielen Dekorationen und Schutzzeichen, bestimmte Farben oder Gegenstände von alters her eine wichtige Rolle. Je nach Kultur und Art zu leben, wurden da ganz unterschiedliche Varianten gefunden.

In diesem Zusammenhang lohnt es sich, nicht nur im esoterischen Bereich nach passenden Stücken zu schauen, sondern die Augen auch überall da offen zu halten, wo es um Folklore, traditionelles Kunsthandwerk, bäuerliche Kunst und Ähnliches geht.

Ich glaube, dass die Liebe zu Flohmärkten, alten Schätzchen und Vintage-Stücken, die aktuell wieder ganz groß im Kommen sind, auch etwas damit zu tun hat, dass man sich (unbewusst) wieder an bestimmte Traditionen erinnert. Zwar dürften sich nur die wenigsten darüber im Klaren sein, dass sich hinter jenem hübschen mit einem Hahn und sonnenwirbelförmigen Blumen bestickten Schmuckhandtuch ein alter Schutzzauber verbirgt, aber unser kulturell geprägtes Unterbewusstsein nimmt die damit verbundenen Energien auch heute noch wahr. Ein Böckchen aus glasiertem Ton entlockt den neuen Besitzern vielleicht nur ein schmunzelndes »Na, der hat aber einen richtigen Dickkopf«. Ein Platz, von dem aus er alles in der Wohnung im Blick hat, ist ihm dennoch sicher.

Augenamulette

Das türkische Nazar-Amulett – die berühmte blaue Glasperle mit dem Auge drauf – ist der wohl bekannteste Vertreter seiner Art. Zugleich stellt es unter Beweis, dass Dinge nicht dadurch schlechter oder weniger wirksam werden, dass sie sehr bekannt sind oder man sie leicht erwerben kann. Eher im Gegenteil.

In meinen Beratungen empfehle ich Augenamulette häufig, wenn jemand den Neid anderer auf sich gezogen hat – was, da es sich in den meisten Fällen auf einer unbewussten Ebene abspielt, schneller geschehen kann, als man denken würde. Nicht jeder Neider meint es böse. Neidvolle Regungen können einem auch herausrutschen wie ein unbedachtes Wort, das man nicht mehr zurücknehmen kann, nur dass sich die Missgunst eben auf der feinstofflichen Ebene abspielt.

In punkto Neid kommt es natürlich auch darauf an, wo und wie man lebt. Es gibt Leute, bei denen es üblich ist, die befreundeten Nachbarn eigens einzuladen, um ihnen die letzte größere Neuanschaffung zu präsentieren. Ob das der richtige Weg ist, muss letztlich natürlich jeder selbst entscheiden; ich aber würde es nicht empfehlen. Denn auch echte, ernst gemeinte Bewunderung kann das hervorrufen, was als böser Blick bekannt ist. Und dann wird das schöne neue Sofa mit den unerfüllten Sehnsüchten und vielleicht auch dem Neid der Nachbarn getränkt. Ein wenig Understatement kann nie schaden – und sei es auch nur, um sich nicht völlig unnötig negative Schwingungen ins Haus zu holen.

Besen

Als Hexe wird man natürlich oft und gerne nach dem gewissen Besen gefragt – der auch in Sachen Hausreinigung tatsächlich ein uraltes Hilfsmittel darstellt. Früher (und in manchen der Tradition verhafteten Gegenden Europas sogar bis heute) hieß es: Ein Besen neben der Haustür verwehrt dem Bösen den Eintritt. Zu diesem Zweck wurde er manchmal auch quer in den Türrahmen gestellt.

Besen müssen immer auf dem Stiel stehen. Das wird gerne damit begründet, dass die Borsten sonst krumm werden, in Wirklichkeit aber handelt es sich um den uralten Glauben, dass ein aufrecht stehender Besen wie ein spiritueller Blitzableiter wirke.

Bei einem Umzug darf man den alten Besen übrigens nicht in das neue Domizil mitnehmen, sondern muss einen neuen kaufen. Der Besen scheint also gewissermaßen an sein Zuhause gebunden zu sein.

Wenn du keinen Besen neben die Eingangstür stellen kannst, weil es zu Fragen führen würde oder er dort einfach nicht hinpasst, binde dir aus Birkenzweigen ein Miniexemplar und bringe es neben der Tür an, als wäre es eine Dekoration. Natürlich sollte auch dieser symbolische Besen mit den Borsten nach oben zeigen.

Blumenmotive

Blumenmotive findet man in der traditionellen Volkskunst häufig, und das liegt nicht nur daran, dass Blumen schön anzusehen sind. Denn zugleich stellen sie kraftvolle Schutzzeichen dar. Vor allem runde Blumenmotive gehen oft fließend in Sonnensymbole über, die Licht und Stärke versinnbildlichen. Blumen, die aus Töpfen ranken, wecken alte Erinnerungen an den Lebensbaum. Sie stehen aber auch für Fruchtbarkeit, weibliche Kraft, Wachstum beziehungsweise Nachwuchs und gutes Gedeihen.

Fruchtbarkeit ist in diesem Zusammenhang immer umfassend als Wohlergehen aller zu verstehen: Es geht jedem gut, es herrscht Frieden und das Leben verläuft relativ glatt, eingebettet in eine gute Energie.

Auch das Wort Nachwuchs ist hier sehr weit gefasst, es bezieht sich nicht nur auf Babys, sondern auf alles Gute, das sich mehren und prächtig entwickeln soll.

Böckchen

Mit Böckchen sind hier sowohl Ziegenböcke als auch die kleinen Widder gemeint, die man als Glücksbringer besonders häufig im slawischen Kulturkreis findet, in Form von Figürchen und stilisierten Symbolen. Auch viele alte Häuser dort sind noch mit einem gezeichneten Widderkopf verziert – erkennbar an dem »V« mit den nach innen gedrehten Spiralhörnern. Aber auch bei uns gibt es, wie schon einmal beiläufig erwähnt, an so manchem alten Bauernhaus noch einen Widderschädel, der schützend über den Stall wacht.

Als Symbol für Stärke, Kraft und Schutz sind die Böckchen nicht ohne Biss. Sie fungieren, bildlich gesprochen, als Wächter der Schwelle vom Außen ins Innere und sind bereit, ungebetene Energien aller Art kurzerhand vor die Tür zu setzen, sobald Ruhe und Frieden durch sie in Gefahr zu geraten drohen.

Eulen

Eulen, als Dekostücke gerade topaktuell, sind magisch betrachtet Symbole für Weisheit und (sowohl positiv wie negativ wirkende) Zauberei. Als Nachtvögel waren sie schon immer ambivalent: Einerseits gelten sie als Unglücksomen und mögliche Vorboten eines Todesfalles, andererseits können sie uns aufgrund ihres Wissens um die Kräfte der Nacht auch genau vor diesen schützen.

Hier kommt die alte Weisheit zum Tragen, dass man das, wovor man sich schützen möchte, bis zu einem gewissen Grad auch kennen sollte.

Symbole sind wie Düfte: Man kann sie sich nicht schönreden. Achte also auf deine Gefühle, sie geben dir den entscheidenden Hinweis, welches Symbol wirklich zu dir passt oder was du dir vielleicht nur vom Kopf her einzureden versuchst, weil es sich theoretisch so gut anhört. Arbeite ausschließlich mit Symbolen, die für dich stimmig sind, und scher dich nicht darum, was gerade alle machen oder was angesagt ist. (Auch in der Esoterik gibt es Trends, denen sich viele anschließen, obwohl sie im Grunde gar nichts für sie sind.)

Fische

Fische bringen Glück und Wohlstand ins Zuhause. Anklänge an diesen alten Glauben finden sich heutzutage zum Beispiel noch in Silvesterbräuchen: Am letzten Abend des Jahres wird traditionell ein Karpfen (oder auch ein anderer Fisch) aufgetischt, von dessen Schuppen man eine ins Portemonnaie steckt, damit im neuen Jahr das Geld nicht ausgeht.

Im beliebten Lenormand-Orakel stehen die »Fische« übrigens ebenfalls für Reichtum und Wohlstand. Fische sind darüber hinaus nicht nur in uralten Darstellungen von (Fruchtbarkeits-)Göttinnen zu sehen, sondern gelten auch für sich genommen als Fruchtbarkeitssymbol. Wer sich also ein Haus voller Kinder wünscht, ist gut beraten, diese Energie für sich zu mobilisieren.

Glöckchen, Schellen, Windspiele

Seit sehr, sehr langer Zeit schon wird alles, was klingt, zur Abwehr negativer Einflüsse eingesetzt; und in der Wohnung kann man vielfältig damit experimentieren, ganz nach Geschmack und persönlicher Vorliebe.

Wie bei vielen magischen Schutzmitteln gibt es auch in diesem Fall zwei verschiedene Erklärungen der Wirkungsweise. Die eine lautet, dass negative Energien durch den hellen Klang vertrieben werden, die andere, dass der Klang sie so ablenkt, dass sie keinen Schaden anrichten können.

Wie dem auch sei, mit Glöckchen & Co. kann man zauberhaft für den Schutz der eigenen Wohnung sorgen. (Und in indischen Läden, aber auch im Bastelbedarf oder in Mittelaltershops findet man reichlich Material für schöne Eigenkreationen.)

Hahn

Der Hahn ist ein altes Sonnensymbol; er kündigt den neuen Tag an und verscheucht damit die Schatten der Nacht. In vielen Sagen können Spukgeister ihr Unwesen nur bis zum ersten Hahnenschrei treiben, danach erlischt ihre Kraft schlagartig.

Aus heutiger Sicht ist das schwer nachzuvollziehen, so sehr sind wir daran gewöhnt, dass in der Dämmerung wie von selbst die Straßenbeleuchtung anspringt und wir zu Hause jederzeit den Lichtschalter betätigen können.

Bei unseren Vorfahren verhielt es sich noch ganz anders. Da herrschte nachts, abgesehen vom Schein einfacher Lampen, wirkliche Dunkelheit. Kerzen waren teuer, und man ging sparsam damit um – wenn man sie sich überhaupt leisten konnte.

Bis heute sind Hähne und Hühner (die ihrerseits auch für Fruchtbarkeit im umfassenden Sinne stehen) beliebte Motive für Ziertücher in der Küche und allerlei andere Dekoartikel. Man hat also viel Auswahl, so gut wie für jeden Wohnstil gibt es etwas Passendes.

Gerade wenn man sich in einer etwas düsteren Lebensphase befindet und auf das Anbrechen besserer – sonniger – Zeiten hofft, wäre es eine gute Idee, sich symbolisch einen Hahn ins Haus zu holen.

Hände

Egal ob Handabdrücke, die mit Farbe auf die Wände des Hauses gedrückt werden, oder Handamulette, wie man sie aus dem orientalischen Raum kennt: Das Motiv der Hand dient immer als schützender Abwehrzauber. Unterschiedlich ist jedoch ihre Stellung: Die Hand der Fatima segnet und setzt gleichzeitig ein Stoppzeichen. Als italienische Figa ist sie ein Symbol für den Geschlechtsverkehr und wirkt schützend, weil im Volksglauben alles Sexuelle negative Kräfte abwehrt.

Man muss keines dieser Symbole fertig kaufen, sondern kann genauso gut selbst »Hand anlegen«, um in den Genuss dieses Schutzzaubers zu kommen. Eine schöne Idee, die gleichzeitig das Gemeinschaftsgefühl verstärkt, ist es zum Beispiel, wenn alle Angehörigen eines Haushalts die Abdrücke ihrer Hände in ihrer Lieblingsfarbe auf einem großen Blatt Papier hinterlassen, das später einen Ehrenplatz in der Wohnung erhält.

Wer es filigraner mag, beschränkt sich auf den Umriss der Hände und malt ihn mit glücksbringenden Symbolen aus.

Man kann dieses familiäre Gemeinschaftswerk auch als Collage gestalten, indem man Steinchen, Federn, Perlen, Muscheln, kleine Zweige, Fotos und dergleichen in das Abbild der Hände einarbeitet. In diesem Fall sollte man aber kein Papier verwenden, sondern festen Karton oder eine Holzplatte; im Künstler- und Bastelbedarf findet man alles Benötigte.

Hühnergötter

Hühnergötter sind Steine mit einem natürlichen Loch in der Mitte, wie man sie am Meer findet. Zu magischen Schutzzwecken werden sie aufgehängt – und erinnern aufgrund ihrer Form an ein Augensymbol. Noch deutlicher macht diesen Zusammenhang ein Augenheilzauber, bei dem man durch das Loch des Hühnergottes in die Sonne schaut.

Wie bei allen Symbolen kann man auch hier kreativ werden, schließlich ist Magie etwas Lebendiges, und du musst dich nur einmal in den verschiedenen Traditionen der Volksmagie umschauen, um zu sehen, dass es dort immer außerordentlich praktisch zugeht.

Du kannst zum Beispiel ein schönes Band verwenden und Augenperlen sowie Hühnergötter und weitere Schutzzeichen, die du magst, hineinknoten, sodass du zum Schluss einen wunderschönen Dekostrang hast, der viel mehr kann als nur schön auszusehen.

Hufeisen über der Tür

Das Hufeisen über der Tür ist natürlich ein Klassiker – genau wie die Frage, ob seine Enden nun nach unten oder nach oben zeigen sollen.

Bevor wir das aber erörtern, erst einmal zur Symbolik an sich: Im Hufeisen kommen zwei Dinge zusammen: das magische Sonnentier Pferd, das für Stärke, Licht und Reichtum steht (bis heute kann sich nicht jeder ein Pferd leisten), und das zauberbrechende Metall Eisen, das Feenspuk und anderem Negativen ein Ende setzt.

Feen, muss ich dazusagen, wurden früher nicht nur positiv betrachtet. Man bezeichnete sie auch als Alben (Elben, Elfen) – und auf ihr mitunter unheilvolles Wirken deuten auch heute noch Worte wie Albtraum oder Albgeschoss (für Hexenschuss) hin. Die meisten Probleme mit den Feen beruhten allerdings auf Verständigungsschwierigkeiten – man hatte, ohne es zu wissen, ein ungeschriebenes Gesetz übertreten oder unwillentlich eine von ihnen verärgert. (Manche waren jedoch auch von Natur aus mies drauf und ließen keine Gelegenheit aus, den Menschen zu schaden.) Also beugte man möglichen Problemen vor, indem man sie mit Gegenständen aus Eisen in gesundem Abstand hielt – dieses Metall mögen sie nämlich überhaupt nicht.

Einer Theorie zufolge spiegelt sich in diesem Glauben übrigens verschlüsselt der Übergang ins Eisenzeitalter wider. Aber wie viel davon Spekulation ist, werden wir wohl nie mehr erfahren.

Doch zurück zum Hufeisen. Viele bestehen darauf, dass seine beiden Enden nach oben zeigen müssen, »weil sonst das Glück herausfällt«. Die Gegenpartei behauptet, es müsse genau umgekehrt sein – weil das Glück sonst gar keine Chance habe, sich auf die Bewohner des Hauses, über dessen Schwelle es hängt, zu ergießen.

Ich habe mit beiden Varianten experimentiert und keinen Unterschied festgestellt. Da man sich aber für eine Variante entscheiden – oder ganz auf dieses hübsche Symbol verzichten – muss, wähle ich die mit den Enden nach unten, denn ich finde, das Glück sollte eher fließen als festgehalten werden.

Vogelfiguren und -symbole

Ähnlich wie die bereits besprochenen Fische sind auch Vögel ein sehr altes Glückssymbol. Das Ei, das sie legen, ist ein Zeichen des Lebens. Sie bringen Wohlstand und stehen auch für wichtige Informationen, die eintreffen. In vielen Legenden siegt der Held letzten Endes, weil er »die Sprache der Vögel versteht« und aus dem, was sie zu sagen haben, kluge Schlüsse zieht.

In alten Stick- und Handarbeitsmustern finden sich häufig stilisierte Vögel, manchmal in der Nähe eines Baumes oder auf dessen Ästen. In diesem Fall stellen sie die Seelenvögel auf dem Lebensbaum dar und deuten auf die Verbindung zur Welt der Ahnen hin, die mit all ihrer Weisheit eine schützende Hand über ihre Nachkommen im Hier und Jetzt halten.

Im alten schamanischen Weltbild zeigten sich die Verstorbenen mitunter auch in Form von Vögeln – welche generell für Boten »von oben« gehalten wurden, sodass besondere Erlebnisse mit ihnen genau beobachtet wurden und sowohl als Glücks- wie auch als Unglücksvorzeichen galten (und gelten).

Bei uns sind solche Überlieferungen oft nur noch im ländlichen Raum bekannt. Aber ich bekomme immer wieder Zuschriften von Leuten mit süd- oder osteuropäischen Wurzeln, die etwa wissen wollen, was sie tun können, nachdem ein Vogel in ihre Wohnung geflogen kam (traditionell ein Zeichen für drohendes Unglück), seit Neuestem nachts ganz in der Nähe eine Eule ruft oder man auf dem Weg zur Arbeit morgens immer wieder eine Amsel sieht, die sich auffällig verhält.

Sechzehn

Zimmerpflanzen – häuslicher Schutz mit dem Element Erde

Als Vertretern des Elements Erde gibt eine ganze Reihe von Zimmerpflanzen, denen spezielle schützende Eigenschaften nachgesagt werden. Manchen, den Kakteen zum Beispiel, sieht man das auf den ersten Blick an, bei anderen kommt die entschlossene Schutzkraft entweder symbolisch daher, etwa durch ihren geradlinigen Wuchs oder dadurch, dass sie buschige Bündel bilden, die wie ein schützender Hexenbesen allem Negativen Einhalt gebieten.

Achte bei der Auswahl aber nicht nur auf die Beschreibung in irgendwelchen Ratgebern, sondern auch auf dein Gefühl. Wenn es dich zu einer bestimmten Pflanze hinzieht, während die scheinbar »richtige« Pflanze alles andere als attraktiv auf dich wirkt, solltest du das nicht ignorieren, sondern deinem Gespür folgen.

Bogenhanf (Sansevierie)

Der Bogenhanf ist eine robuste, unempfindliche Pflanze, die auch an dunkleren Plätzen in der Wohnung gut gedeiht und es sogar verzeiht, wenn man eine Weile vergisst, sie zu gießen.

In Brasilien hat der Bogenhanf den Beinamen »Schwert des Ogun« (eine kämpferische, beschützende Wesenheit, die oft mit dem heiligen Georg gleichgesetzt wird). Dieses Schwert kämpft gegen Ungerechtigkeiten, Neid, Missgunst und negative Energien aller Art.

Als Zimmerpflanze war der Bogenhanf lange außer Mode, bis schließlich neuere Zuchtformen aufkamen, die ihn jetzt wieder als schick gelten lassen. (Von solchen Trends sollte man sich bei der Auswahl seiner Pflanzen allerdings nicht beeinflussen lassen, wenn man vor allem deren magische Aspekte im Sinn hat.)

Je nach geplantem Standort kann man beim Bogenhanf aus den unterschiedlichsten Farb- und Formvarianten wählen, um eine Pflanze zu finden, die sich harmonisch in die Atmosphäre des jeweiligen Zimmers einpasst. Besonders gut steht sie an der Tür und in der Nähe eines Fensters.

Wer ein besonders Schutzbedürfnis empfindet, kann als kleines, aber wirkungsvolles Ritual zwei Blätter des Bogenhanfes abschneiden, sie wie gekreuzte Schwerter übereinanderlegen und eine dunkelblaue Kerze davor entzünden, mit der man um Schutz bittet.

Buntnessel

Buntnesseln sind wunderschöne Zimmerpflanzen, die es in den unterschiedlichsten Färbungen gibt. Für Schutzzwecke ideal sind Exemplare mit besonders intensiven Rottönen im Blatt. (Rot ist die Farbe des Lebens, sie beschützt und segnet, bringt Glück und belebt die Stimmung.)

Damit sie wirklich gut gedeihen, müssen Buntnesseln schön hell stehen, dann leuchten ihre Farben, und sie werden zu einem strahlenden pflanzlichen Schutzengel der Wohnung. Sie dürfen nicht austrocknen, sollten aber auch keine »nassen Füße« bekommen – was übrigens die wenigsten Pflanzen schätzen. Ideal ist ein heller Fensterplatz; stehen sie zu dunkel, geht ihre Farbigkeit zurück, und sie fangen sich leicht Krankheiten ein. Aber nur eine gesunde, kräftige Pflanze kann auch schützend wirken.

Drachenbaum (Dracaena)

Der Drachenbaum ist eine baumartige Zimmerpflanze, die es in ganz unterschiedlichen Formen gibt. Er ist ziemlich robust und fühlt sich an vielen Stellen in der Wohnung wohl. So kann er zu einem schützenden Zimmerbaum im Miniformat werden.

Wenn man in der Stadt wohnt und kaum Bäume in der Nähe sind, mit denen sich arbeiten ließe, ist der Drachenbaum ein ganz tauglicher Ersatz. Mit bunten Wunschbändchen, schönen Steinen, die man vor ihn auf den Boden legt, oder kleinen Figuren (Engel, Göttinnen beziehungsweise anderen spirituellen Symbolen, die einem besonders am Herzen liegen) zu seinen Füßen kann aus dem Drachenbaum ein wunderschöner heiliger Ort werden.

Kakteen

Kakteen sind natürlich augenfällig gut als Schutzpflanze geeignet. Da sie ausreichend Sonne benötigen, werden sie meistens ins Fenster gestellt. Man kann sie aber auch anderweitig einsetzen, zum Beispiel auf dem Schreibtisch am Arbeitsplatz, wenn man sich dort vor Negativem schützen möchte. Da sind den Möglichkeiten keine Grenzen gesetzt. Sollte dein Schreibtisch nur wenig Sonne abbekommen, stelle den Kaktus immer mal an eine sonnige Stelle, damit er bekommt, was er braucht. Auch fürs Schlafzimmer sind Kakteen übrigens eine gute Wahl: Weil sie negative Energien aller Art fernhalten, sorgen sie für ungestörte Träume.

Kakteen sind ähnlich dem bereits beschriebenen Bogenhanf sehr pflegeleicht; wenn man sie nicht übergießt, hat man lange Freude an ihnen.

Kräutertöpfchen

Die meisten Kräuter, die man in Töpfen kaufen kann, wie etwa Basilikum, Rosmarin, Estragon, Thymian oder Oregano, sind auch ausgezeichnete Schutzpflanzen; nicht ohne Grund finden sie sich in allerlei Räucher- und Ölmischungen wieder. Bei entsprechender Pflege (ausreichend Licht und nicht zu viel Feuchtigkeit) gedeihen viele von ihnen ganzjährig auf der Fensterbank und können nebenbei noch für die Küche verwendet werden.

Ich zum Beispiel habe in meiner Wohnung an fast jedem der hellen Fenster ein oder zwei Basilikumpflanzen stehen. Sie beschützen mein Zuhause und bringen Glück, gleichzeitig habe ich so aber auch ganzjährig frischen Basilikum, ohne eine einzelne Pflanzen zu stark abpflücken zu müssen.

Magie darf ruhig praktisch und ins ganz normale Leben eingebettet sein. Früher hat man auch mit dem gearbeitet, was einem zur Verfügung stand, da hatten die normalen Leute gar kein Geld für spezielle magische Artikel, das kam ja erst mit dem Entstehen der Wohlstandsgesellschaft.

Yuccapalme

Ähnlich wie der Bogenhanf hat auch die Yuccapalme klare, schnittige Blätter, mit denen man für eine eher kämpferische Form des Schutzes sorgen kann. Sie steht ebenfalls sehr gut in der Nähe von Fenstern und auch der Eingangstür, um die Wohnung und alle, die darin leben, zu beschützen.

Genau wie der Drachenbaum eignet sich auch die Yuccapalme als magisches Minibäumchen in der Wohnung.

Zamie

Die Zamie ist auch unter dem Namen Glücksfeder bekannt und sorgt für harmonische Stimmung in Wohnräumen. Sie hat eine sanfte, aber beharrliche Kraft und eignet sich damit unter anderem ideal für Kinder- und Schlafzimmer. Denn dort möchte man auf Pflanzen mit allzu kantigen und spitzen Blättern eher verzichten, weil sie nicht zur Geborgenheit, die diese Zimmer vermitteln sollen, passen. Davon ganz abgesehen sieht die Zamie auch noch wunderschön aus.

Zyperngras

Als Schutzpflanze ist Zyperngras allein schon aufgrund seiner Erscheinungsform eine gute Wahl. Es wächst nämlich mit buschigen Pompons heran – und alles Buschige und Fransige gilt seit jeher als wirkungsvolles Mittel, um böse Geister zu verwirren und davon abzuhalten, irgendwem zu schaden.

Zyperngras sollte vor allem bei energetischen Unstimmigkeiten zum Einsatz kommen, wenn man es also nicht mit den Einflüssen negativer Personen zu tun hat, sondern eher unklare oder schädigende Energien neutralisieren will.

Vorsichtig sein sollte man nur, wenn man mit spielfreudigen Katzen zusammenwohnt, denn die leise raschelnden Blätterpompons des Zyperngrases sind für manche Samtpfoten als Spielzeug einfach zu verführerisch …

Siebzehn

Frische Blumensträuße – vergänglich, aber wirksam

Schnittblumen in der Wohnung sind keinesfalls nur Dekoration, genauso wie zum Beispiel auch Grabbepflanzungen oder Brautsträuße immer einen spirituellen Zweck verfolgen (nämlich den, die Verstorbenen ruhig und zufrieden zu machen beziehungsweise die Braut zu schützen und der Ehe Segen zu spenden).

Bei Geburtstagen bringt man ebenfalls Blumen mit – wirklich nur, weil sie so schön sind? Man könnte schließlich alle möglichen anderen hübschen Dinge schenken. Aber nein, es müssen ausgerechnet Blumen sein. Wenn das nicht für sich spricht …

Blühende Pflanzen nehmen negative Energien auf und spenden gleichzeitig frische, positiv geladene Kraft. Aber es müssen keine Schnittblumen sein, genauso gut kannst du dir auch Sträuße aus Kräutern in die Wohnung stellen. Sie haben dieselbe Wirkung.

Es gibt sogar – bis heute – Rituale um Zweige und Äste, zum Beispiel die Kirschzweige, die am Barbaratag (4. Dezember) in eine Vase gestellt werden und dem Haushalt Glück bringen, wenn sie an Weihnachten blühen; in manchen Gegenden bekommen sie eine Schonfrist bis Silvester, aber spätestens dann müssen sie aufgeblüht sein.

Am besten wirkt die Energie der Blumen, wenn man sich bewusst auf sie einlässt. Dazu reichen schon fünf Minuten, in denen man meditativ vor ihnen sitzt. Es geht nicht darum, wer am längsten dahockt, wenn man so etwas macht, sondern es geht darum, sich innerlich berühren zu lassen.

Bildlich gesprochen bringen die Blumen eine innere Saite im Menschen zum Klingen, die einen positiven Dominoeffekt auslöst.

Zugegeben, dafür muss man der Typ für Blumen sein. Nicht für jeden ist jede Methode gleich gut geeignet, aber wenn man einen Draht dazu verspürt, ist das eine sehr schöne, einfache und wirkungsvolle Möglichkeit, sich selbst und die Wohnung positiv zu stimmen.

Doch Blume ist natürlich nicht gleich Blume. Schauen wir uns daher die Bedeutung und Wirkung einiger von ihnen etwas genauer an.

Die spezielle Kraft der Blumen

Nelken beruhigen und sind ideal, wenn die Stimmung nervös oder aufgeheizt ist. In der Form ihrer Blüten erinnern sie beinahe an kleine Besen. Und tatsächlich wirken auch Nelken wie spirituelle Blitzableiter, die Negatives neutralisieren.

Nelken werden auch gerne in spirituellen Bädern verarbeitet, um wieder in die eigene Mitte zu finden, und können auch dem Putzwasser beigegeben werden, wenn man ihre Wirkung verstärken möchte.

Das gilt übrigens für alle Blumen: Man zerreibt die Blütenblätter zu diesem Zweck in einer Schale mit Wasser, bis sich dieses mit dem Pflanzensaft eingefärbt hat. Danach filtert man die Flüssigkeit durch ein Sieb und gibt das Blütenwasser ins Badewasser oder ins Putz- beziehungsweise Wischwasser, je nachdem, was man vorhat.

Rosen, speziell in ihrer roten Variante, sind natürlich die Blumen der Liebe, und so ist auch ihre Ausstrahlung. In Sachen häuslicher Atmosphäre kommt allerdings den weißen Exemplaren eine besondere Rolle zu. Sie sorgen für Harmonie und Klarheit, besänftigen die Menschen in Konfliktsituationen und helfen dabei, eine Stimmung zu schaffen, in der man vernünftig über alles reden kann.

Auch gelbe Rosen sind eine gute Wahl, sie wirken etwas »wärmer« als ihre kühlen weißen Schwestern. Die Entscheidung, welche Farbe man verwenden möchte, sollte man davon abhängig machen, ob die Situation aufgeheizt ist und sich etwas abkühlen sollte (weiß) oder eher eisig ist und mehr Wärme braucht (gelb).

Lilien sind Blumen der Reinheit und unterstützen Neuanfänge. Wenn du einen Schlussstrich ziehen willst, einen neuen Lebensabschnitt beginnst, nach einer Trennung oder wenn du etwas loslassen möchtest, dann sind Lilien optimal geeignet, um die Wohnung mit der Kraft des Neustarts positiv aufzuladen.

Aber auch hier ist ein Blick auf die Farbe wichtig: Schneeweiße Lilien sind ideal, wenn auch das echte Leben gerade wie ein neues weißes Blatt vor einem liegt. Farbige Lilien geben etwas mehr Power, sie können später zum Einsatz kommen, nachdem der erste Anfang bereits gemacht ist.

Gerbera stehen für Klarheit, Geradlinigkeit und Fröhlichkeit. Damit sind sie echte Allrounder, die die Wohnung jederzeit schmücken und mit positiver Energie aufladen können. Mit ihren kreisrunden Köpfen, die aussehen wie farbige Sonnen, sind sie auch ideal als Dekoration, wenn du eine Party planst oder Besuch bekommst, der sich rundum wohlfühlen soll.

Natürlich kannst du sie auch nur für dich aufstellen. Ich persönlich empfinde Gerbera als sehr heilsam, wenn ich mal einen diffusen Durchhänger habe und mich irgendwie abgeschlagen fühle. Sie sind einfach fröhlich und bringen mich mit ihrer klaren, positiven Ausstrahlung dann immer schnell wieder auf andere Gedanken.

Dahlien haben mit ihrer klaren, fast schon strengen Form eine sehr konzentrierte Energie und können viel Negatives aufnehmen. Wenn es Krach gab, Konflikte in der Luft hängen oder du ein spannungsreiches Zusammentreffen in deiner Wohnung erwartest, sind Dahlien eine gute Unterstützung. Sie bestechen nicht durch eine liebliche Ausstrahlung, sondern sorgen eher für Klarheit und Ordnung, auch und gerade wenn es emotional einmal unübersichtlich wird.

Chrysanthemen und Astern beschützen speziell Mütter und (kleine) Kinder. Mit ihrer feinen Energie bringen sie etwas Sanftes in die Wohnung, das besonders in sensiblen und unsicheren Phasen beschützend und einhüllend wirkt.

Gerade in Zeiten der Überforderung, wenn alles auf einen einzustürzen scheint, sind sie wunderbare Helferinnen.

Tulpen und Pfingstrosen sind die typischen Frühlings- und Frühsommerblumen. Da sie eine unvergleichliche Frische mitbringen und vibrierende positive Energie ausstrahlen, sollte man sie sich in dieser Jahreszeit nach Möglichkeit nicht entgehen lassen und immer einen Strauß davon im Haus stehen haben.

Gladiolen gehören der Familie der Schwertlilien an und haben wie diese eine klare, zielgerichtete und kämpferische Energie. Sie unterstützen einen, wenn man etwas ausfechten muss (was sich nicht immer vermeiden lässt, obwohl wir wohl alle der Harmonie den Vorzug geben würden) und helfen auch, wenn einem die klare Linie abhandengekommen ist.

Gladiolen sind starke, schöne und stolze Blumen, und wenn dir eine dieser Eigenschaften mal verloren gegangen ist, solltest du dir welche ins Haus holen, damit sie dir helfen, sie wiederzufinden und zu verstärken.

Geranien sind typische Balkon- und Fensterpflanzen, die nicht nur energetisch Schutz bieten, sondern auch ganz praktisch sind: Sie halten nämlich besonders gut Mücken und andere Plagegeister fern.

Es gibt mittlerweile schon zahllose verschiedene Duftzüchtungen, doch egal für welche Geranie du dich entscheidest, sie haben alle eine starke spirituelle Energie und helfen daher nicht nur vorbeugend oder aktivierend, wenn man bestimmte Energien in sein Zuhause locken will, sondern schützen auch, wenn man bereits Probleme hat, sich wehren muss und schwierige Themen möglichst friedlich gelöst werden sollen.

Da sich Geranien im Winter zurückziehen, kann man für die zweite Jahreshälfte eine Tinktur herstellen, indem man ihre Blüten fein geschnitten in eine Flasche mit gutem klaren Schnaps einlegt, die Flasche warm stellt, immer mal schüttelt und die Flüssigkeit nach zwei Wochen abseiht.

Das kann man übrigens auch mit allen anderen Blumen machen, die nicht immer verfügbar sind und deren Energie man auf diese Weise einfangen möchte, um sie auch in Zeiten nutzen zu können, in denen die Blumen selbst nicht ohne Weiteres zu kaufen sind.

Ein Wort noch zu *Trockenblumen*:

Da scheiden sich die Geister. Für manche sind sie der Inbegriff der Romantik, für andere eher ein Sinnbild der Vergänglichkeit. Ich persönlich neige zur zweiten Ansicht, Trockenblumen sind abgestorben und versprühen keine Energie mehr.

Als Dekoration können sie sehr schön sein. Für spirituelle Zwecke sind sie aber nicht wirklich geeignet.

Nimm stattdessen lieber *eine* frische Blüte, wenn du mit der feinstofflichen Kraft der Blumen arbeiten möchtest, als einen ganzen Strauß Trockenblumen.

Anhang

Reinigung und Schutz übers Jahr: ein kleiner Brauchtumskalender

»Klein« nenne ich diesen Jahreskalender ganz bewusst, denn das Brauchtum ist schon immer so vielfältig gewesen, dass es sich im Rahmen eines Buches unmöglich umfassend darstellen lässt. Was in einem Ort auf eine bestimmte Weise gehalten wurde, konnte im Nachbardorf fünf Kilometer weiter schon ganz anders üblich sein. Außerdem waren Bräuche nie etwas Starres, sie haben sich schon immer verändert.

Manche Bräuche bleiben bestehen, andere geraten in Vergessenheit. Manches schaut man sich anderswo ab oder es taucht wie von selbst wieder aus der Versenkung auf, wie zum Beispiel das alte keltische Halloween, das plötzlich wieder da war oder die Osterfeuer, die in den letzten Jahren auch in den Gegenden immer beliebter werden, in denen es sie schon lange nicht mehr gab.

Erlaubt ist, was gefällt und die Seele berührt. Denn das ist letztendlich die Kraft der Bräuche: Sie bringen etwas – vielleicht Unbewusstes – zum Ausdruck und fühlen sich stimmig an, ergeben Sinn. Sie binden uns ins Jahresrad ein und in die natürlichen Veränderungen um uns herum.

Weil Bräuche jedoch nicht im luftleeren Raum existieren, kann man die alten bäuerlichen Traditionen oft nicht ohne Weiteres eins zu eins übernehmen. Eine Tradition, für deren Ablauf früher eine ganze Dorfgemeinschaft gebraucht wurde, lässt sich ganz allein im Hochhaus von heute nicht einfach so nachmachen. Das ist ganz ähnlich wie mit der ländlichen Magie: Wenn für einen Zauber etwa Gänseeier oder die Federn eines schwarzen Huhns gebraucht werden, stellt das den modernen Großstadtmenschen schon vor eine gewisse Herausforderung.

Trotzdem kann man sich natürlich von den alten ländlichen Gepflogenheiten inspirieren lassen und auf kreative Weise eigene Wege finden. Lebendige Bräuche sind nicht das, was irgendwann einmal war, sie stehen nicht auf dem Papier, sondern werden gelebt. Deshalb ist es auch müßig, darüber zu diskutieren, was »echte« Bräuche sind. Echt ist, was gelebt wird und den Leuten etwas gibt – alles andere theoretische Haarspalterei.

Silvester

Ganz witzig finde ich, dass auch in esoterischen Kreisen jedes Jahr wieder gebetsmühlenartig über die »sinnlose Silvesterböllerei« geschimpft wird. Dabei sollten es doch gerade spirituell interessierte Leute besser wissen, denn das angeblich so »sinnlose« Böllern hat einen ganz konkreten Sinn: Der Krach soll die bösen Geister vertreiben, damit das neue Jahr glücklich wird und sich kein dunkler Schatten über seinen Beginn legen kann. (Einen ganz ähnlichen Hintergrund und Sinn hat zum Beispiel auch der Polterabend vor Hochzeiten.)

Sensible Zeiten im Jahreskreis wie auch im Lebenslauf überließ man nie einfach dem Zufall, sondern sorgte gut vor.

An ein Silvesterfeuerwerk, wie wir es heute kennen, war früher natürlich nicht zu denken. Mögliches Unheil wurde stattdessen um Mitternacht mit Glockengeläut, Peitschenknallen oder Gewehrschüssen vertrieben. Am Neujahrstag kam es dann zum Austausch von Süßigkeiten und Geschenken.

Um Haus und Heim vor Unbill zu schützen, sollte man also zumindest eine kleine Knallerei veranstalten. Wer Feuerwerk ablehnt, kann auch mit Topf und Löffel, mit Rasseln oder Trommeln ordentlich Krach machen. Erlaubt ist, was gefällt – Hauptsache, es ist laut.

6. Januar

In der christlichen Tradition einiger Gegenden werden am Dreikönigstag auch heute noch mit Kreide Segensformeln an den Eingang der Häuser geschrieben. Das Brauchtum an sich geht aber noch weiter zurück, denn an diesem Tag enden die Raunächte (auch »Unternächte« oder »Zwölfer« genannt). Damit ist die wilde Zeit seit dem Weihnachtstag, in der die Geister durch die Gegend zogen, vorbei und das Haus wurde mit Schutzzeichen versiegelt.

Auch wer sich dem Christentum nicht verbunden fühlt, kann diesen Tag natürlich nutzen und zu weißer Kreide greifen, um seine Tür mit Schutzzeichen (wie etwa dem Pentagramm, drei kleinen Kreuzen oder einem Sonnensymbol) zu versehen. Ist das nicht möglich, ohne Befremden im Umfeld auszulösen, kann man die Schutzzeichen auch auf einen Zettel malen und ihn diskret in der Nähe der Eingangstür aufbewahren.

2. Februar

Am 2. Februar (genauer gesagt: in der Nacht vom 1. auf den 2.) ist Brighid beziehungsweise Lichtmess – das frühere Neujahr der Bauern. Knechte und Mägde hatten nun ein paar Tage frei, bevor sie sich gegebenenfalls eine neue Anstellung suchten, es war großer Zahltag, und nun kamen auch die Winterarbeiten wie das Spinnen zum Abschluss.

Jetzt war traditionell auch Zeit für den großen Frühjahrsputz, selbst wenn die Natur, was Temperatur und Lichtverhältnisse anging, noch nicht recht mitspielte. Früher wurden die letzten Dämonen des Winters durch ebendieses Großreinemachen oder auch symbolisch mit Räucherwerk vertrieben. Und wir können es unseren Vorfahren gleichtun, indem wir die ganze Wohnung gut durchputzen, bevor der eigentliche Frühling kommt.

Palmsonntag (der letzte Sonntag vor Ostern)

Auch heute werden traditionell noch oft frische Zweige oder sogar ganze Bäume (siehe Weihnachten) als Glücksbringer ins Haus geholt, was eine äußerst lebendige Form der Verehrung von Bäumen darstellt, auch wenn es vielen gar nicht so bewusst ist.

Palmsonntag kann man sich zu Hause an den Weidenkätzchen (in manchen Gegenden auch »Palmkätzchen« genannt) erfreuen, die nun aufblühen – sofern sie zwei, drei Wochen zuvor in die Vase gestellt wurden. Ähnlich wie bei den schon einmal kurz erwähnten Barbarazweigen, auf die ich auch unter dem Datum 4. Dezember noch einmal zurückkomme, braucht man also etwas Vorlauf und muss rechtzeitig daran denken, die Zweige zu besorgen, dann hat man am Palmsonntag einen Strauß glücksbringender Kätzchen in der Wohnung.

Gründonnerstag (der Donnerstag vor Ostersonntag)

Ostern ist im Frühling, was die Adventszeit und Weihnachten für den Winter sind: ein wahres Füllhorn an Brauchtum. Und diese Traditionen sind bis heute höchst lebendig, wenn auch oft so vertraut, dass wir sie gar nicht mehr als solche wahrnehmen. Als würde man nach der Brille suchen, obwohl man sie doch auf der Nase hat.

Besucher aus dem Ausland sind von unseren Weihnachts- und Osterbräuchen hellauf begeistert, während viele von uns »Eingeborenen« vor lauter Kommerz und saisonalem Werbegeschrei die Lust aufs Feiern zu vergehen droht.

Wie dem auch sei: Am Gründonnerstag kann man seinem Heim und allen Bewohnern etwas Gutes tun, indem man eine spezielle Suppe zubereitet – und das ist doch mal eine sehr erfreuliche Form der Magie.

Die Gründonnerstagssuppe muss vor allem eins sein: grün. Im Idealfall kochst du eine Brennnesselsuppe, aber es darf auch Brokkoli, Lauch und vieles mehr sein, Hauptsache grün.

Von dieser Suppe sollten alle (menschlichen) Bewohner des Haushalts essen, denn sie sorgt dafür, dass das Geld im Haus nie ausgeht. Hoffen wir das Beste! Schaden kann sie jedenfalls nichts – und gesund ist sie auch.

Ein weiterer wohlschmeckender Gründonnerstagsbrauch: der Verzehr eines Löffels Honig – damit das Leben nichts von seiner Süße verliert.

Osterwasser holen

Unser kleiner Ostermarathon ist noch nicht zu Ende, denn am Ostersonntag heißt es früh aus den Federn, eine Flasche oder ein anderes Gefäß eingepackt und dann auf zum nächsten fließenden Gewässer. Dort schöpft man mit der Strömung (und nicht etwa gegen sie!) etwas Wasser und nimmt es mit nach Hause, wo es großzügig verspritzt wird. Auch die Bewohner und Tiere bekommen etwas ab.

Das Osterwasser galt als vorbeugend gegen Krankheiten und Unglück aller Art, es knüpft an alte Formen der Wassermagie im Frühling an und ist ein echtes Segenswasser. Allerdings gibt es da noch einen kleinen Haken: Während man es holt, darf man kein Wort sprechen. Das hört sich leichter an, als es in der Praxis oft ist. Deshalb übst du das bewusste Schweigen am besten schon vorher.

30. April

Der 30. April (genauer gesagt: die Walpurgisnacht auf den 1. Mai) galt als die Zeit der Geister – und wie in diesem Buch schon öfter angedeutet, stellte man sich diese früher nicht unbedingt als wohlwollende Wesenheiten vor. In den Nächten, in denen die Schleier zwischen den Welten besonders dünn sind, haben die ganz normalen Leute, die diese Zeit nicht zur spirituellen Kommunikation nutzen wollten, also eher Schutz- und Abwehrmaßnahmen getroffen, als sich darauf zu freuen.

Heute ist ein mittlerer Weg sicher nicht verkehrt. Man will bestimmt nicht blind irgendwelche wilden Wesenheiten zu sich einladen, aber es gibt auch viele gute Kräfte, die in dieser Zeit angesprochen werden können.

Zum Schutz machte man früher – wie auch an Silvester – in dieser Nacht gerne Krach, um die Geister zu vertreiben, die den Menschen nicht wohlgesonnen waren. Dazu wurde oft mit Peitschen geknallt, an Walpurgis speziell aber kam oft das lautstarke Zerschlagen alten Geschirrs hinzu. (Liegt hier womöglich der Ursprung des Spruches »Scherben bringen Glück«? Oder war es vielleicht eher umgekehrt?)

Darüber hinaus klopfte man dreimal auf Holz und stellte Gabeln oder einen Besen mit den Zinken beziehungsweise Borsten nach oben vors Haus.

1. Mai

Am 1. Mai war der Spuk dann vorbei, und es wurden Maibäume mit bunten Bändern aufgestellt, um den Wonnemonat zu begrüßen.

Im Kleinen kann man das auch in der Stadt nachvollziehen, indem man mit bunten Bändern geschmückte Birkenzweige in eine große Vase stellt.

Wer mag, kann auch die Bäume im Garten schmücken, im Park oder in der freien Natur. (Nimm dafür aber bitte abbaubare Materialen und keinen Kunststoff irgendeiner Art.)

Die zentrale Rolle spielt hier, wie man an den traditionellen bunten Bändern erkennen kann, das Element Luft. Dessen Geistern kannst du auch mit Räucherungen, Windspielen oder Seifenblasen eine Freude machen. Warum denn nicht? Die Reichweite deiner Fantasie ist die einzige Grenze, die es gibt.

Pfingsten

Zu Pfingsten wurde das Haus früher gerne mit Birkenzweigen geschmückt. Zusätzlich ging man mit einem Birkenzweig in der Hand durch alle Räume und verspritzte damit Wasser, um das Heim zu segnen und Negatives daraus zu vertreiben.

Das kann man auch heute noch so halten, wobei die Birkenzweige immer geschmückt sein sollten. Und dafür eignen sich, wie auch für alle anderen Feste im Frühling, bunte Bänder besonders gut.

24. Juni – Johannistag

Der Johannistag, wenige Tage nach der Sommersonnenwende, gehört im Brauchtum zu den Hochfesten im Jahreslauf; zahlreiche Liebeszauber und Reinigungsrituale, aber auch Hinweise zum Kräuterpflücken und vieles mehr sind bis heute überliefert.

In der Johannisnacht wurden die Geister (genau wie in der Walpurgisnacht) als besonders aktiv empfunden, und zwar sowohl die guten als auch die weniger guten. Deshalb sprang man – auch um sich für die zweite Jahreshälfte vor allem Übel zu schützen – zur Reinigung durchs Johannisfeuer.

Da dies nur in den wenigsten Wohnungen möglich sein wird, kann man sich mit gelben und roten Kerzen behelfen, die man anzündet und gemächlichen Schrittes durch alle Räume trägt, um sie energetisch zu säubern.

Darüber hinaus ist Johannis, worauf die Namensähnlichkeit schon hindeutet, der beste Termin zum Pflücken von Johanniskraut. Allerdings sollte man sich dabei auch am Wetter(bericht) orientieren, denn ein verregneter Tag eignet sich nicht zum Kräuterpflücken, und man holt sich die Pflanzen dann lieber kurz vor oder nach dem 24. Juni, wenn es (wieder) trocken ist.

Johanniskraut wächst gerne an verwilderten Plätzen, die genug Sonne abbekommen, deshalb muss man nur die Augen ein bisschen offen halten und findet es mit etwas Glück sogar in der Großstadt. Reiß aber nie die ganze Pflanze raus, sondern zupf immer nur ein paar Zweige ab.

Du kannst dir einen kleinen Strauß oder ein Kränzchen daraus binden, es dann trocknen lassen und in der Wohnung aufhängen. Im nächsten Jahr tauschst du es gegen frisches Johanniskraut aus und verbrennst das alte.

2. Juli (Mariä Heimsuchung)

Für den 2. Juli ist ein weiterer Brauch überliefert, in dessen Mittelpunkt Zweige stehen – in diesem Fall speziell Haselnusszweige, die man an Mariä Heimsuchung pflücken und zu Hause in die Vase stellen soll, damit sie Glück und Wohlstand in die Wohnung bringen.

In allen Bräuchen dieser Art schwingt noch die alte Verehrung der Bäume mit. Selbst nach Tausenden von Jahren. Wobei: Gemessen an der Geschichte der Menschheit ist auch das nur ein sehr kurzer Zeitraum.

Die berühmte Geschichte um die Donareiche zum Beispiel, die der heilige Bonifatius fällte, um die Bevölkerung im heutigen Hessen zum Christentum zu bekehren, hat sich im Jahr 723 n. Chr. zugetragen. Und in einigen Gegenden Norddeutschlands ereignete sich Ähnliches sogar noch nach 1000 unserer Zeitrechnung. Das ist also etwa tausend Jahre her, aber was sind schon tausend Jahre im Vergleich zur ungebrochenen Zeitlinie davor?

Zumal das Leben über Äonen hinweg ziemlich gleich blieb – eigentlich bis zu den technologischen Veränderungen im Zuge der industriellen Revolution Ende des 18., Anfang des 19. Jahrhunderts, die das Brauchtum erst wirklich in Bedrängnis gebracht haben – weit mehr als jeder christliche Missionar, der einen Baum fällte, um ein Zeichen gegen das »Heidentum« und seine Gepflogenheiten zu setzen.

15. August (Mariä Himmelfahrt)

Am 15. August ist der traditionelle Kräuterweihetag, und auch der wird von vielen Bräuchen und Überlieferungen begleitet. Die Frauen stellten aus den verschiedensten Heilpflanzen einen großen Kräuterbuschen zusammen, der im heiligen Winkel des Hauses (oder am Hausaltar) angebracht wurde und dessen getrocknete Blätter sie im Laufe des Jahres nach und nach zu Pulvern zerrieben, die man – als Räucherwerk oder innerlich eingenommen – gegen Krankheiten und Unglück einsetzte.

Natürlich hatte man auch sonst noch immer einen Vorrat getrockneter Heilpflanzen zur Hand, aber der Kräuterbuschen war und ist so etwas wie die symbolisch-magische Hausapotheke.

4. Dezember (Barbaratag)

Mit diesem Brauch bin auch ich noch groß geworden: Am 4. Dezember holte man sich, wie in einem anderen Zusammenhang bereits erwähnt, Kirschzweige ins Haus, die sogenannten Barbarazweige. Wobei es auch Apfel- oder Pflaumenzweige sein können, aber es muss ein »weiblicher« Baum sein, der im Sommer süße Früchte trägt. Erblühen die Zweige bis Weihnachten (oder spätestens Silvester), gilt dies in Sachen Liebesglück und Fruchtbarkeit fürs kommende Jahr als gutes Omen.

Adventszeit

In der Adventszeit werden traditionell Fichten- und Tannenzweige zum Adventskranz gebunden. Ob dieser Brauch tatsächlich auf die vorchristlichen Sonnenräder zurückgeht, wie man immer wieder hört, wird sich wahrscheinlich nie klären lassen; fest steht aber, dass die grünen Kränze im heutigen Brauchtum eine wichtige Rolle spielen und uns die Zeit, bis die Tage wieder länger werden, verkürzen helfen sollen.

Raunächte

Die Raunächte gehen vom 24. Dezember bis zum 6. Januar und sind, je nach Region, auch als Unternächte oder Zwölfer bekannt.

Auch diese Zeit galt im Jahreskreis als Phase vermehrter Geisteraktivität, und wie wir bereits gesehen haben, betrachteten unsere Vorfahren solche Zeiten als durchaus ambivalent.

Also schützten sie sich für alle Fälle, indem sie das Haus mit Wacholder und Fichte ordentlich durchräucherten.

Zudem durfte in der Zeit der Raunächte nur das Nötigste an Hausarbeit verrichtet werden – und am besten gar nichts, was mit Wäsche und Kleidung zu tun hatte. (Nun, die Frauen dürfte es gefreut haben, kamen sie bei all den Feiern zwischen Weihnachten und Dreikönigstag doch eh selten aus der Küche heraus. Woran sich ja bis heute nicht viel geändert hat.)

Auf keinen Fall durfte man in den Raunächten Wäsche im Freien aufhängen und sollte auch sonst möglichst nichts draußen lassen, schon gar nicht in der Nacht, wenn die Geister ihr (Un-)Wesen trieben.

Umsichtige Leute, unsere Vorfahren: Im Umgang mit den Dingen zwischen Himmel und Erde hielten sie sich strikt an das Motto Safety first!

Die Autorin

Aufgewachsen inmitten einer reichen Fülle von alten, geheimnisvollen Bräuchen, interessierte sich Claire schon früh für die spirituelle Kraft der weißen Magie. Heute ist die Lebensberaterin und praktizierende Hexe eine der erfolgreichsten Autorinnen zum Thema Magie. Claire lebt in Leipzig.

www.hexe-claire.de

Bücher von Claire im Ansata- und Heyne-Verlag:

Basiswissen Weiße Magie
Die Magie der Hexen
Kerzenmagie
Magische Heilkunst
Magie leben
Stadthexen